ANLEITUNG
ZUM
ENTWURF
VON
STÄDTISCHEN
RÄUMEN

HAND
BUCH
DER
STADT
BAUKUNST

STUDIENAUSGABE

CHRISTOPH MÄCKLER MIT BIRGIT ROTH

ANLEITUNG
ZUM
ENTWURF
VON
STÄDTISCHEN
RÄUMEN

HAND BUCH DER STADT BAUKUNST

STUDIENAUSGABE

3 PLATZRÄUME

BAND 1 STADTRÄUME
BAND 2 HOFRÄUME
BAND 3 PLATZRÄUME
BAND 4 STRASSENRÄUME

KIEL

STRALSUND • PUTBUS

LÜBECK • WISMAR GREIFSWALD

HAMBURG

BREMEN LÜNEBURG

OLDENBURG

CELLE BERLIN

HANNOVER BRAUNSCHWEIG POTSDAM

MÜNSTER • BIELEFELD EISENHÜTTENSTADT

WARENDORF

BOCHUM • DORTMUND HALLE (SAALE)

ESSEN BAD AROLSEN LEIPZIG GÖRLITZ

WUPPERTAL KASSEL DRESDEN

DÜSSELDORF WEIMAR CHEMNITZ

KÖLN ALSFELD

AACHEN

FRANKFURT AM MAIN

WIESBADEN BAMBERG

TRIER MAINZ

MANNHEIM NÜRNBERG

LUDWIGSHAFEN
SPEYER HEIDELBERG ANSBACH

KARLSRUHE DINKELSBÜHL REGENSBURG

LUDWIGSBURG NÖRDLINGEN PASSAU

STUTTGART SCHWÄBISCH GMÜND

TÜBINGEN LANDSHUT

FREUDENSTADT AUGSBURG

FREIBURG MÜNCHEN
ROSENHEIM

WANGEN KEMPTEN

LINDAU BAD TÖLZ

BAND 3 PLATZRÄUME

JAN PIEPER

DER PLATZ – EIN GRUNDELEMENT DER EUROPÄISCHEN STADT

Die Geschichte der Architektur, die als letzte der Künste erst mit der Sesshaftwerdung des Menschen beginnt, erreichte ihren ersten großen Höhepunkt in der Entstehung der Stadt am Anfang der historischen Zeit. Nach dem sumerischen Mythos geschah dies in Eridu am Unterlauf des Euphrat, und tatsächlich scheint es an diesem Ort, der schon im 6. Jahrtausend v. Chr. dörflich besiedelt war, seit Mitte des 4. Jahrtausends eine erste Stadt gegeben zu haben, eingeschlossen von einer rechteckigen Mauer und mit einem monumentalen Tempel im Zentrum. Immer wieder erneuert und in wachsenden Ringen erweitert, wuchs schon in der Uruk-Periode darüber eine gewaltige Zikkurat empor, mit der die Vertikale in die Architektur Eridus Einzug hielt, seither das Hoheitszeichen des mesopotamischen Städtebaus schlechthin. (Abb. 1) Ab dem 2. Jahrtausend v. Chr. gab es regelmäßige, oft schachbrettartig angelegte Straßensysteme, und damit wurde die mesopotamische Stadt nach Umrissfigur, Binnengliederung und Stadtsilhouette zu einer architektonischen Großform, die erklärt und gelesen werden will. Die Domestikation des Raums, neben der des Tiers, der Pflanze und der Zeit die wichtigste Kulturleistung des altsteinzeitlichen Menschen[1], kam in diesem neolithischen Städtebau zu ihrem monumentalen Abschluss. Von nun an war die altorientalische Stadt nicht mehr nur Siedlung, Behausung und Existenzfürsorge, sondern auch Darstellung und Deutung des Daseins, sie wurde zu einer symbolischen Form, mit der der Mensch sich selbst und seine Rolle in der sichtbaren wie der vorgestellten Welt erklärte. (Abb. 2)

Aufgeladen mit diesen Bedeutungen einer „symbolischen Form der sozialen Funktionen" (Leroi-Gourhan) verbreitete sich die Stadt über die Erde, im Austausch der Kulturen oder als unabhängige Neuerfindung in weit auseinanderliegenden Räumen.[2]

Es gibt so viele verschiedene Stadttypen, wie es verschiedene Kulturen gibt. Allen außereuropäischen Stadtkulturen jedoch – so unterschiedlich sie in ihrer Wirtschafts- und Lebensweise, in ihren Antworten auf die Herausforderungen von Klima und Topografie, in ihrer vorzugsweise säkularen oder sakralen Orientierung, selbst in ihren Begriffen von Raum und Architektur auch immer sein mögen – ist gemein, dass sie den städtischen Platz als das Grundelement der Stadtbaukunst nicht kennen. Dasjenige städtische Element also, das für den europäischen Städtebau schlechthin als konstituierend angesehen werden muss, ist ihnen von Anfang an fremd.

Dies gilt für die alten Stadtkulturen Indiens, die sich im Süden des Subkontinents in ihrer Raumorganisation über Achsen und konzentrisch ineinander gelegte Ringstraßen aus Rechtecken oder Quadraten definieren (Madurai, Srirangam), im Norden aber über orientierte Achsenkreuze, die die Stadtfläche in vier Quartiere geradlinig teilen, ohne sich allerdings in der Mitte zu einem Platz zu erweitern (Indapur). (Abb. 3) Dort steht oft ein Kuppelbau (Alwar), ein Turm (Bidar) oder ein Baum (Badami), oder es gibt zur Kennzeichnung dieses Punkts einfach nur einen Wechsel im Straßenpflaster (Badami).[3]

Diese Städte der neueren indischen Geschichte, die bis in die britische Kolonialzeit nach den immer gleichen Prinzipien angelegt wurden, führen damit eine Stadtbautradition fort, die bis in die Frühzeit der Kulturen des Fünfstromlandes zurückreicht. Denn die altindischen Städtebautraktate wie das der Manasara, die systematisch alle möglichen Idealstadtsysteme durchdeklinieren (Abb. 4), zeigen ebenfalls keine Plätze in ihren Rasterstädten.

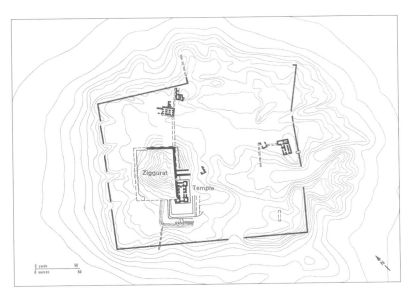

Abb. 1 **ERIDU** am Unterlauf des Euphrat, eine der ältesten Städte Mesopotamiens (Mitte 4. Jahrtausend v. Chr.).

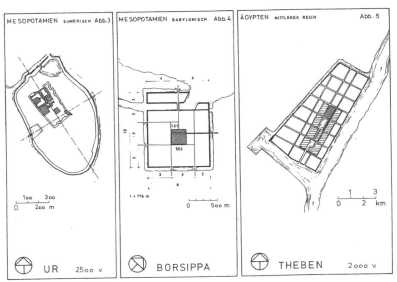

Abb. 2 **SCHEMATISCHE DARSTELLUNG** der Entwicklung der Stadt im 2. Jahrtausend v. Chr. zu einer nach Umrissfigur, Binnengliederung und Stadtsilhouette architektonisch gegliederten Großform.

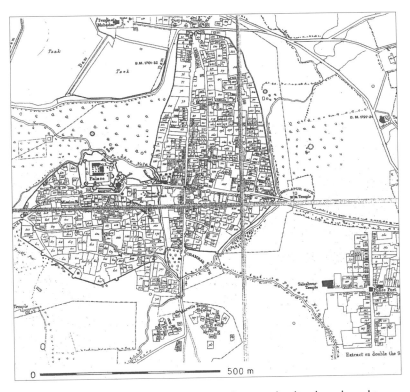

Abb. 3 **INDAPUR**, eine indische Residenzstadt, die den charakteristischen Netzgrundriss mit orientiertem Hauptstraßenkreuz aufweist. Plätze gibt es bei diesem Stadttypus nicht.

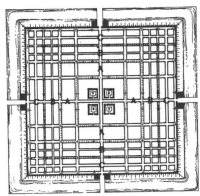

Abb. 4 **PRASTARA**, das sechste der acht kanonischen Idealstadtsysteme der Manasara, einer vermutlich im 5. Jh. n. Chr. entstandenen Zusammenfassung altindischer Architekturtheorien.*
Der Typus des städtischen Platzes kommt in diesem Traktat nicht vor.

* Das genaue Alter ist nicht bekannt, auch die Kompilation ist eine Vermutung. Zur Begründung siehe: Prasanna Kumar Acharya, A Summary of the Manasara, Leiden 1918, S. VI: „I might say that the Manasara could not have reached its present shape later than 500 A.D."

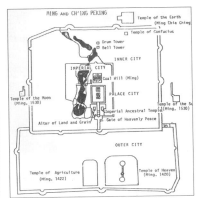

Abb. 5 Stadtplan von **PEKING** vor der Zerstörung der historischen Wohnviertel und der Stadtmauern 1949–1979. Die Mauern umschlossen die innere (Tataren-)Stadt, die äußere (Chinesen-)Stadt und die kaiserliche (Verbotene) Stadt. Vor den Toren der Südmauer gab es freie Räume, die oft als Plätze bezeichnet werden, aber lediglich die Funktion von Distanz- und Stapelflächen hatten.

Auch die Städte der frühesten Hochkulturen des indischen Subkontinents wie Harappa oder Mohenjo-Daro im Industal, die durch eine besonders entwickelte Stadtbautechnik und ein äußerst rationales Grundrissschema gekennzeichnet sind, kennen den Platz als Grundelement des Städtebaus nicht. Und dabei scheint es geblieben zu sein, bis der Platz als städtische Architekturform durch die Portugiesen zu Beginn des 16. Jahrhunderts nach Indien gebracht wurde (Velha Goa, 1510).

Es sei eingeräumt, dass es auf dem indischen Subkontinent einzelne Städte, auch regionale Stadtkulturen gibt, die in der Raumbildung den europäischen Städten sehr ähnlich scheinen. Dazu gehören sicherlich die Architekturplätze vieler Städte Rajasthans (Jaipur, Bundi, Jaisalmer, Udaipur) oder die einzigartigen Newarstädte des Kathmandutals (Bhaktapur, Patan, Kirtipur, Kathmandu). Der Dubar Square in Bhaktapur jedenfalls scheint in seiner Beziehung von Platz und Monument den Architekturplätzen europäischer Fürstenstädte des 16. oder 17. Jahrhunderts durchaus vergleichbar. Allerdings unterscheiden sich die auf diesen Plätzen ursprünglich stattfindenden kollektiven Abläufe und Aneignungen des Raums durch die versammelte Menge von dem historischen Geschehen in der europäischen Stadt grundsätzlich. Sie sind Ausdruck und

DER PLATZ – EIN GRUNDELEMENT DER EUROPÄISCHEN STADT

Instrument des an den Raum gebundenen kultischen Handelns zur Sicherung und Bestätigung eines prinzipiell als gefährdet begriffenen Gleichgewichts von menschlichen und göttlichen Sphären. Begriff und Aneignung des Raums sind hier ihrem Wesen nach an Ritual und Mythos gebunden. Damit jedoch sind die von diesen Anschauungen geprägten Stadträume bei aller vordergründigen Ähnlichkeit der architektonischen Form substanziell und kategorisch vom Bautyp des städtischen Platzes europäischer Prägung zu unterscheiden. Der nämlich zielt letztlich auf eine Begründung der gesellschaftlichen Verfassung durch die unterschiedlichsten Abstufungen repräsentativer oder partizipatorischer Öffentlichkeit ab, und dazu bedarf es der Architektur des Platzes als Raumbühne, nicht aber als Ritualinstrument.

Diese begriffliche Unterscheidung besitzt mutatis mutandis auch für andere außereuropäische Stadtkulturen der Vormoderne Gültigkeit. Dem alten China mit seinen als Abbild der kosmischen Ordnung verstandenen Stadtplänen aus Quadraten und Rechtecken ist der öffentliche Platz in der Stadt ebenfalls fremd, obwohl es im Inneren einzelner Gebäudekomplexe oft großartige Hofbildungen von durchaus städtischen Dimensionen gibt. (PEKING, Abb. 5)

Das Gleiche gilt für andere ostasiatische Stadtkulturen, für Japan (Abb. 6), das ähnliche als Kosmosabbild konzipierte Stadtgrundrisse (KYOTO, Abb. 7) kennt wie China, oder für den vorkolonialen Städtebau Burmas (Mandalay), Vietnams (Hue), Thailands (Chiang Mai) oder Javas (Jogjakarta). Der Platz fehlt auch in dem riesigen islamisch geprägten Stadtkulturraum, der sich vom Maghreb bis nach Indien erstreckt. Architekturplätze gibt es dort nicht, da das Marktgeschehen in aller Regel linear in gedeckten Basaren organisiert ist (Isfahan, Delhi, Buchara), oder es findet auf weiten, architektonisch nicht gefassten Flächen vor den Toren statt (Marrakesch). Die in Indien und Persien „Meidan" genannten Freiflächen innerhalb der Städte (Isfahan, Delhi) sind in der Regel Distanzflächen vor Herrschaftsbauten, entstanden aus militärischem Aufmarschgelände oder Spielplätzen und deshalb nicht von städtischer Bebauung eingefasst. Auch der großartige Meidan-e-Shah in Isfahan (Abb. 8), der dem Polo-Spiel diente, ist nach den präzisen Kategorien der architekturgeschichtlichen und geografischen Stadtforschung kein städtischer Platz, da er mit einer zweigeschossigen Blendfassade anstelle wirklich städtischer Gebäude umgeben ist.

Im Inneren des vorkolonialen Afrika südlich der Sahara gab es ohnehin keine Städte im Sinne der üblichen stadtgeografischen Definitionen, ausgenommen vielleicht die ausgedehnten Landstädte der Yoruba, wobei strittig ist, ob diese wirklich alle Merkmale der Urbanität erfüllten. Das Gleiche gilt für die aus gewaltigen Steinblöcken errichteten festen Plätze des alten Simbabwe. Die Seehandelsstädte an den Küsten Ostafrikas sind schließlich indisch oder arabisch geprägt, Plätze jedenfalls scheint es dort wie im vorkolonialen Afrika insgesamt nicht gegeben zu haben.

Ein ganz eigenes Problem der Stadtbaugeschichte und ihrer Frage nach dem städtischen Platz und seinen Voraussetzungen stellen die altamerikanischen Kulturen dar, in denen die Stadt, unabhängig von den alten Stadtkulturen Asiens und Europas, noch einmal neu erfunden wurde. Bei ganz unterschiedlichen, teilweise dörflich anmutenden Siedlungsstrukturen sind die urbanen Zentren der Städte in den präkolumbianischen Kulturen als Kosmos- und Weltenabbild angelegt. Die riesenhaften Tempelpyramiden erheben sich durchweg auf ausgedehnten gepflasterten Distanzflächen, die oft von Mauern, aber nicht von städtischer Bebauung eingefasst sind. Wenn sie überhaupt räumlich gefasst wurden, muss man sie eher als Höfe bezeichnen, nicht aber als städtische Plätze. Dies gilt auch

Abb. 6 Plan von **TOKIO (EDO)**, 1752, vor den Umbaumaßnahmen der Meiji-Zeit. Man erkennt die regelmäßigen Gitternetze der einzelnen Stadtquartiere, die sich ohne Platzbildungen an die größeren Durchgangsstraßen anlehnen.

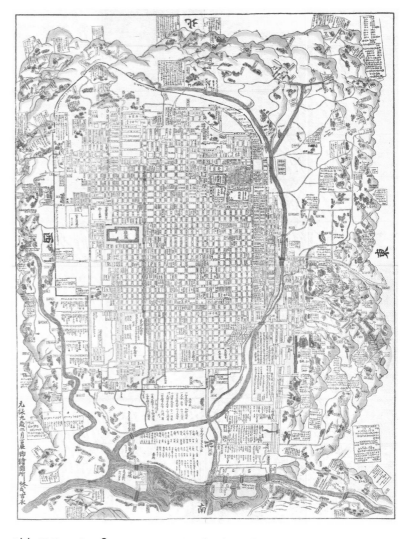

Abb. 7 Das Straßenraster von **KYOTO**, 1696

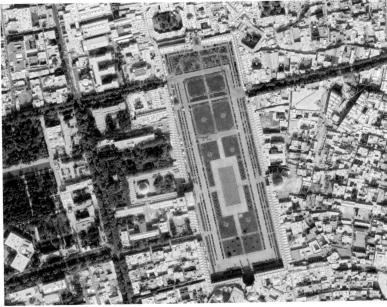

Abb. 8 Der 1590/95 angelegte Meidan-e-Shah in **ISFAHAN**, eine große, leere Fläche, die vor allem dem Polo-Spiel diente, umgeben von zweigeschossigen Blendarkaden, die die Stadt dahinter verbergen

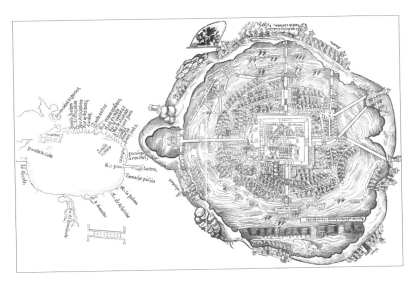

Abb. 9 Die Nürnberger Karte von **TENOCHTITLAN**, 1524, die die Stadt als ein „Venedig der neuen Welt" zeigt, auf künstlichen und natürlichen Inseln im Texcoco-See gelegen

für Tenochtitlan, die Hauptstadt des Aztekenreichs im alten Mexiko, deren Grundriss vor der Zerstörung durch die spanischen Eroberer (1520/21) in der Nürnberger Karte von 1524 überliefert ist. (Abb. 9)[4] Der große Markt von Tlatelolco ist dort zwar als „Forum" bezeichnet, was eigentlich einen städtischen Platz meint, aber aus der ausführlichen Beschreibung im zweiten Brief von Hernán Cortés an Karl V. wissen wir, dass es sich um eine – allerdings riesenhafte – Hofanlage mit umlaufenden Arkadengängen gehandelt hat, die wie ein Basar organisiert und mit Tempel und Gerichtshaus ausgestattet war. (Abb. 10)

In keiner der außereuropäischen Stadtkulturen, so scheint es, hat es also den städtischen Platz gegeben, jedenfalls dann nicht, wenn man ihn als einen leeren, gleichwohl architektonisch komponierten Raum im Kontinuum der Stadt begreift, der als eine architektonische Negativform aus der Masse des Stadtkörpers herausgeschnitten sowie von städtischen Gebäuden umgeben ist, die er erschließt und architektonisch inszeniert, und der in seinen Hauptfunktionen dem Markt, der Versammlung oder der Repräsentation dient.

Selbst die Städte der frühen Hochkulturen des Vorderen Orients haben den Platz noch nicht gekannt, jedenfalls sind bisher nur Straßen, Kreuzungen oder axiale Strukturen ergraben worden, aber nichts, was als dreidimensional konzipierter und allseitig architektonisch gefasster öffentlicher Platzraum gelten könnte.

Der städtische Platz ist also eine europäische Erfindung, die sich nach Raum und Zeit recht präzise benennen lässt. Auch die Gründe für das späte Auftreten des Platzes in der Stadtbaugeschichte, wo er ja erst drei Jahrtausende nach der Entstehung der Stadt selbst historisch greifbar wird, lassen sich konkret fassen.

Am Anfang der Geschichte des Platzes als konstituierendes Element der europäischen Stadt steht die Agora (Αγορα) der klassischen griechischen Polis. Mykene besaß noch keine städtischen Plätze und auch die großartigen Höfe der kretischen Paläste standen noch in keiner Beziehung zur Stadt. Erst mit der dorischen Gründung Theras auf Santorin (9. Jh. v. Chr.) wird der öffentliche Platz im Raumgefüge der Stadt fassbar.

Die Anfänge dieser frühen Agoren reichen bis in das 8. Jahrhundert v. Chr. zurück. Sie sind noch nicht als architektonisch gefasste Räume zu bezeichnen, sondern es handelt sich um ebene Flächen, deren Umrisse durch steinerne Grenzsteine abgesteckt waren. Auf der Agora von Athen haben sich solche „Horos" (ορος) genannten Grenzsteine aus parischem Marmor erhalten; es sind buchstäblich „redende Steine", denn sie tragen Inschriften in archaischen Lettern, die besagen: „Ich bin ein Grenzstein der Agora." (Abb. 11)

Die Ursprünge dieser noch ganz flächigen Vorformen der Agora liegen in ihrer Doppelfunktion als Ort der Volksversammlung und als Marktplatz. Im griechischen Wort „agora" ist beides enthalten. Abgeleitet von „αγειρω", „sammeln", bedeutet es „die Versammlung, die Beredsamkeit; Ort der Versammlung, Markt, Marktplatz".[5] Auch das Wortfeld insgesamt schwankt zwischen beiden Bedeutungsebenen hin und her: „αγοραζω", „kaufen", „αγορευω", „reden, sagen", „αγοραομαω", „vor Vielen reden".

Die Entstehung der Agora setzt den freien, auf eigene Rechnung wirtschaftenden und im demokratischen Verband handelnden Staatsbürger voraus. Mit Recht hat Paul Zucker betont, dass der öffentliche Platz in der Stadt erst dann entstehen konnte, als der Mensch aus der anonymen Masse des untertänigen Volks heraustrat und zum individuellen Bürger wurde.[6]

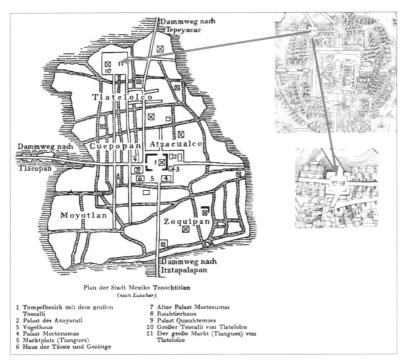

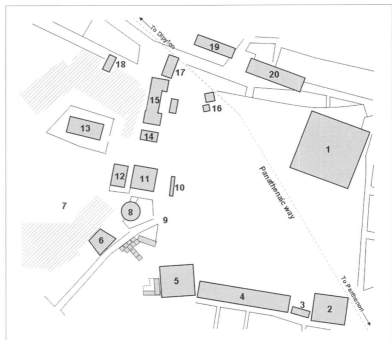

Abb. 10 **TENOCHTITLAN** besaß keine Plätze im europäischen Sinne, allerdings einen von Portiken umgebenen Markt im alten Tempel von Tlatelolco, der Hernán Cortés so sehr an einen europäischen Platz erinnerte, dass er ihn auf der Karte ein „Forum" genannt hat.

Abb. 11 Die Agora von **ATHEN**, die auf die Zeit des Peisistratos (um 560 v. Chr.) zurückgeht. Aus dieser Frühzeit haben sich noch einige Grenzsteine (horoi) erhalten, die die Aufschrift tragen: „Ich bin die Grenze der Agora." Sie kennzeichneten die Ausdehnung der Agora, bevor sie in klassischer Zeit von Gebäuden architektonisch gefasst wurde.

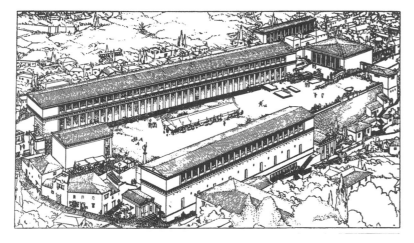

Abb. 12 Die Agora von **ASSOS** (2. Jh. v. Chr.), die vollkommene Ausprägung einer Agora aus hellenistischer Zeit, die die wichtigsten öffentlichen Gebäude der Stadt in ein räumliches Ensemble vereinigt und ihrer Bedeutung entsprechend zueinander in Beziehung setzt.

PLATZRÄUME

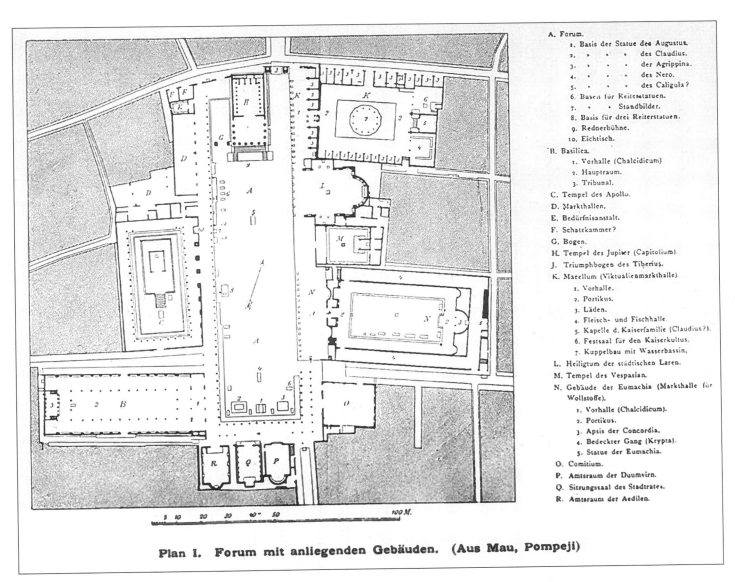

Plan I. Forum mit anliegenden Gebäuden. (Aus Mau, Pompeji)

Abb. 13 Das Forum von **POMPEJI** in der römischen Fassung, in der es 79 n. Chr. von der Asche des Vesuv bedeckt wurde. In der römischen Epoche wurde der Bautyp des Forums geometrisch streng von Portiken umgeben und zu monumentaler Größe gesteigert.

Erst mit der Agora wird die städtische Siedlung zu der nach Recht und Gesetz regierten Polis. Für Homer ist deshalb das Fehlen der Agora in den Siedlungen barbarischer Völker der Ausweis ihrer Rohheit: „Dort ist weder Gesetz noch öffentliche Versammlung" – so schildert er in der Odyssee (IX, 112) die wilden Kyklopen, die „auf den Häuptern hoher Gebirge in gehöhlten Felsen" wohnen.[7] Umgekehrt wird bei den griechischen Schriftstellern der klassischen Zeit die Agora zum Synonym zivilisatorischer Höhe und demokratischer Freiheit. Herodot berichtet um 425 v. Chr. in den Historien (I, 153), wie der persische König Kyros im Bewusstsein seiner unbeschränkten Machtfülle und diktatorisch straffen Staatsführung angesichts des bevorstehenden Krieges mit Hellas dem spartanischen Herold sagen lässt: „Ich fürchte kein Volk, das inmitten seiner Städte Plätze hat, wo das Volk sich versammelt, schwört und einander betrügt." Und erklärend fügt Herodot hinzu: „Die Perser treiben nämlich keinen Handel und Marktplätze gibt es bei ihnen überhaupt nicht."[8]

Als Herodot dies schrieb, hatte sich die Agora längst von einer zweidimensional abgesteckten ebenen Fläche zu einem architektonisch gefassten Stadtraum entwickelt. Von entscheidender Bedeutung war dabei der Bautyp der Stoa, für den sich in klassischer Zeit als festes Schema die einseitig in ganzer Länge geöffnete Säulenhalle herausbildete, deren geschlossene Rückwand meist als Bildträger fungierte. Wann immer möglich, flankierten diese öffentlichen Wandelhallen die Längsseite der Agora. Das vollkommene Beispiel aus hellenistischer Zeit ist die Agora von Assos, eine parallel zu den Höhenlinien des Stadtbergs angelegte trapezförmige Terrasse. Sie wird an beiden Längsseiten von zwei Stoae eingefasst, während in die Zugänge an den Schmalseiten Solitärbauten gesetzt sind, Tempel und Versammlungshaus (Bouleuterion), die sich ebenfalls mit vorgelagerten Säulenhallen zum Platz hin öffnen. (Abb. 12) Die klassischen Funktionen des öffentlichen Stadtplatzes – Politik, Kult, Ökonomie – sind hier in einem räumlichen Ensemble vereinigt und zu einer architektonischen Ausdrucksform gesteigert, die die konstituierenden Kräfte der städtischen Kultur so zueinander in Beziehung setzt, dass sie deren Wesen zugleich darstellt und deutet.

Der architektonisch gefasste Platz blieb bis zum Ende des 19. Jahrhunderts das räumliche Grundelement der europäischen Stadt schlechthin. In Rom hatte er im Bautyp des Forums – in geometrisch strenger Fassung und zu monumentaler Größe gesteigert – seine vorläufig endgültige Form gefunden. (Abb. 13) Mit dem Imperium verbreitete sich die Stadt römischer Prägung über ganz Europa, auch in der Nachantike blieb sie in der Siedlungskontinuität

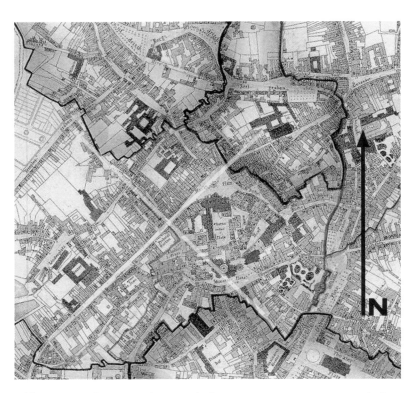

Abb. 14 Ausschnitt aus dem Stadtplan von **AACHEN** (Rappard-Plan 1865), der die Überlagerung der exakt geordneten karolingischen Pfalz mit dem anders orientierten römischen Straßenraster zeigt. Der von Jakobstraße und Kockerellstraße gebildete Cardo und Decumanus der römischen Stadt ist hervorgehoben. Man sieht, wie aus der Überlagerung beider Systeme die Dreiecksform des Marktplatzes entsteht.

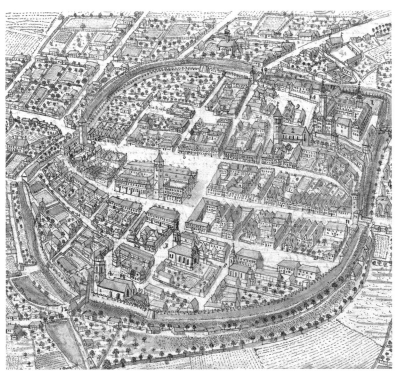

Abb. 15 Die schlesische Residenzstadt **OELS** auf einem Perspektivplan des 18. Jahrhunderts. Zu sehen ist das räumliche Kontinuum der Straßen und Plätze, in der Mitte eine große, annähernd quadratische Fläche, auf der als Solitärbau das Rathaus steht. Solche meist „Ring" genannten Riesenplätze mit frei stehenden Solitärbauten sind ein charakteristisches Merkmal der Stadtgründungen der spätmittelalterlichen Ostkolonisation.

bestehen. Vielerorts wurden die römischen Strukturen kaum verändert umgenutzt, und so entstand aus dem Forum der Hauptplatz der mittelalterlichen Stadt, wie beispielsweise in Lucca, wo der Weihtitel der Kirche San Michele „in Foro" daran erinnert, dass sie auf dem römischen Forum errichtet wurde, neben oder über dem schon in der Antike dort befindlichen Tempel.

Diese Überbauungen und Umformungen der antik-römischen Städte sind ein Kennzeichen aller Regionen mit ungebrochener Siedlungskontinuität. Sie prägen entscheidend das Bild der nachantiken Stadt bis weit in das hohe Mittelalter hinein. So entstanden etwa in Aachen aus der Überlagerung der karolingischen Pfalz mit dem anders orientierten Straßensystem der römischen Siedlung die charakteristischen Dreiecksplätze, die eine Besonderheit dieser Stadt sind. (Abb. 14) In aller Regel jedoch stellten die römischen Ruinen ganz unmittelbar und ohne derartige Brechungen die Grundlage für den städtischen Neubeginn in nachantiker Zeit dar. Die Stadtgründungswelle des Mittelalters trug den Platz als Herzstück der europäischen Stadt auch in die bis dahin noch nicht urbanisierten Gebiete östlich der Elbe. Durch die mittelalterliche Planungspraxis, den Stadtgrundriss der Neugründungen oder der Erweiterungen mit Kreisbögen abzustecken, kam es zu einer

außerordentlichen Fülle von Formen und Typologien, auch in den Umrissfiguren der städtischen Plätze. Die malerische Wirkung der mittelalterlichen Stadt, die die Stadtbautheoretiker der verschiedensten Schulen so nachhaltig beschäftigt hat, findet nicht zuletzt hierin ihre sachliche Begründung.[9] Daneben gibt es jedoch vor allem in den deutschen Stadtgründungen der Ostkolonisation orthogonal als Quadrat oder Rechteck angelegte Plätze, oft auch als Umfassungen von Einbauten für den Markt oder für die Rechtsprechung (BRESLAU, KRAKAU, THORN, OELS, Abb. 15).

Ungeachtet des Formenreichtums mittelalterlicher Platzanlagen bleibt das Wesen des Platzes im gesamten Verbreitungsgebiet der europäischen Stadt immer gleich: Der städtische Platz ist überall ein in Grundriss und Aufriss architektonisch gestalteter Raum, der in der Mitte der Stadt Platz schafft für die Bauten der Gemeinschaft – ihres politischen Handelns, ihres Glaubens und Wissens, ihres „Wirtschaftens" und ihres kollektiven Gedächtnisses –, um sie so zueinander in einen Sinnzusammenhang zu setzen, dass sich die Gesellschaft darin mit ihren grundlegenden Werten und Strukturen wiedererkennt und bestätigt findet. Insoweit wohnt dem städtischen Platz europäischer Prägung unbedingt ein affirmatives, sich seiner selbst vergewisserndes Element inne.

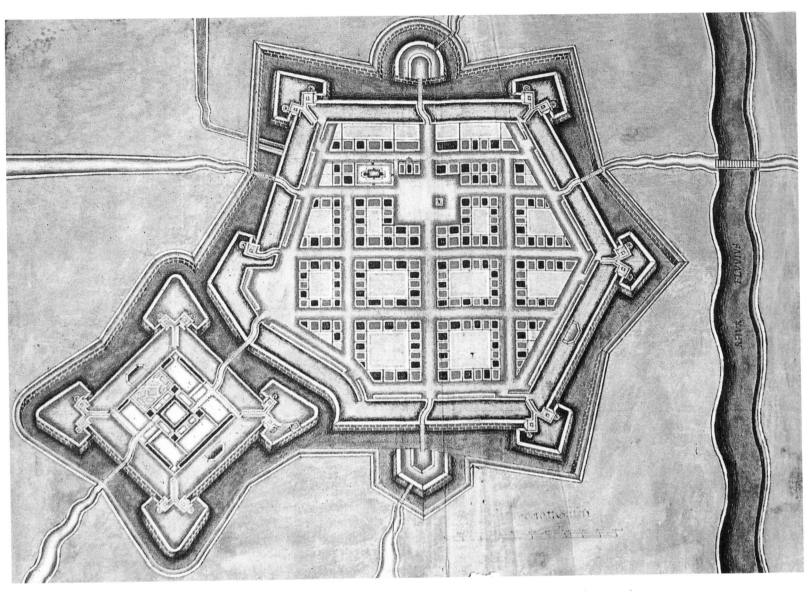

Abb. 16 Stadt und Festung **JÜLICH**, eine Idealstadt der Renaissance, bei der die Stadt in ihrer Umrissfigur und in der Binnengliederung in regelhaften Geometrien angelegt ist. Der Plan von Niklas Fischlein (vor 1580) zeigt eine der nicht ausgeführten Fassungen.

Mit dem im ausgehenden Mittelalter einsetzenden Wandel der politischen Verfassung vieler Städte von der Stadtrepublik zur Fürstenherrschaft änderte sich häufig auch der Charakter des städtischen Hauptplatzes. Er verwandelte sich vom Versammlungsraum freier Bürger zum Repräsentationsraum des Stadtherrn. Beispielhaft ist hier Florenz, wo mit der endgültigen Herrschaft der Medici die ehemals bürgerliche Loggia dei Lanzi zur Siegeshalle der Stadtherrn umfunktioniert wurde und die Piazza della Signoria zum Aufstellungsort monumentaler Skulpturen, die in allegorischer Gewandung den Triumph des Herrschers feierten. Gleichwohl ist auch hier der städtische Platz die architektonische Ausdrucksform geblieben, in der sich die gewandelten gesellschaftlichen Verhältnisse artikulieren.

Mit dem architekturtheoretischen Denken der Renaissance begann die Epoche der großen Ordnungssysteme im Städtebau, die einerseits systematisch erfassten, analysierten und strukturierten, was bis dahin unausgesprochene Praxis war, andererseits aber auch genuin Neues schufen. (Abb. 16) Regelhafte Geometrien im Grundriss, Aufriss und Umriss begannen die Stadtplanung als Ganzes wie auch die Idealarchitektur einzelner städtebaulicher Figuren zu beherrschen, Achse und Platz gingen in bisher nicht gekannten

Sequenzen von Ort- und Wegeräumen ganz neue, bis dahin ungeahnte Verbindungen ein. (Abb. 17) Dies alles fand im Barock seinen Abschluss in den groß angelegten Versuchen, die Platzfassaden zu vereinheitlichen, die Architektur überhaupt zu einer Funktion des Platzraums zu machen. Die Piazza Sant'Ignazio in Rom (1727) ist einer der vielen Höhepunkte dieser dramatischen Platzbaukunst, die sich der Architektur der umstehenden Gebäude nur bedient, um das barocke Kontinuum der in konvexe und konkave Bewegung geratenen städtischen Raumwand zu erzeugen. (Abb. 18)

Der Klassizismus setzte bei seinen Platzgestaltungen dagegen wieder auf die monumentale Raumwirkung des Solitärs, der gleichwohl häufig der umlaufenden Platzwand entgegengestellt wurde. Oder dieser trat in eine dialogische Beziehung zu anderen frei stehenden Baukörpern, die nicht in axialen oder symmetrischen Ordnungen zueinander standen, sondern über die Blickführung in den Raumdiagonalen miteinander korrespondierten. Der städtische Platz wurde so zum Aufstellungsort monumentaler Solitärbauten, die wie Exponate die Funktion präsentierten, die sie behausten, hinterfasst von den umlaufenden Fassaden des städtischen Raums. Das Forum Fridericianum in Berlin aus der Mitte des 18. Jahrhunderts und seine Erweiterungen durch Schinkel veranschaulichen

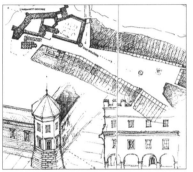

Abb. 17 **TELTSCH**, eine Kleinfürstenresidenz in Mähren, wurde unter Zacharias von Neuhaus nach 1550 so umgebaut, dass der von einheitlichen Arkadenhäusern gesäumte dreieckige Platz auf das Belvedere des Schlossgartens fluchtet.

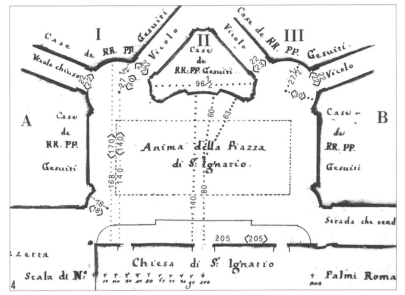

Abb. 18 Piazza Sant'Ignazio, **ROM** (1727). Die Architektur ist zu einer Funktion des Platzraums geworden, denn die Grundrissgliederung der umstehenden Gebäude ist ganz der Stadtbaukunst unterworfen. Sie dient nur noch dazu, das barocke Kontinuum der in konvexe und konkave Bewegung geratenen städtischen Raumwand zu erzeugen.

vielleicht am besten die neuen städtebaulichen Möglichkeiten, die der Klassizismus für die Architektur des städtischen Platzes erschlossen hat. (Abb. 19)

Seit Entstehung der Agora in der klassischen griechischen Polis und bis weit ins 19. Jahrhundert hinein blieb der städtische Platz Markt und politischer Raum zugleich, sei es als demokratische Versammlungsstätte, als Raum fürstlicher Repräsentanz oder bürgerlicher Denkmalkultur. Materielle und geistige Kultur der Gesellschaft hatten hier jahrhundertelang ihren gemeinsamen Ort, und die Geschichte des Platzes ist auch die Geschichte der Anstrengungen, beides räumlich und architektonisch überhöht beisammenzuhalten.

Mit den Umwälzungen der industriellen Revolution und der Mechanisierung des Wirtschaftslebens in ganz neuen Dimensionen wurde dies zunehmend schwieriger. Die Stadtbaugeschichte des 19. Jahrhunderts zeigt, wie die materielle und die geistige Kultur, wie überhaupt alle Lebensbereiche immer weiter auseinanderdrifteten, wie schließlich für einzelne Teilaspekte des Lebens und Wirtschaftens immer neue Bautypen oder auch nur Funktionszonen entwickelt wurden. Es mangelte nicht an Versuchen, dennoch den großen Zusammenhang zu entwerfen, die Aufsplitterung

des Ganzen in seine Teile aber hinzunehmen, wenn nicht gar zum eigentlichen städtebaulichen Thema zu machen. Als ein solcher Versuch sind beispielsweise die Haussmann'schen Planungen für Paris zu begreifen, einschließlich ihrer bis in die Revolution zurückreichenden Vorstufen und der Ergänzungen durch die Belle Époque. Denn die großen Achsen, die an ihren Schnittpunkten Plätze für die unterschiedlichsten städtischen Funktionen bildeten, wollten ja die Stadt und ihre Plätze als gemeinsamen Raum aller Bereiche des Lebens erhalten und über Blickführungen und Verkehrsverbindungen auch in gewisser Weise erfahrbar machen.

Aber dafür zerlegten sie den gesellschaftlichen Zusammenhang des Ganzen, der bis ins 19. Jahrhundert noch an einem einzigen Platz, wie etwa der Grand-Place in Brüssel, oder um eine Sequenz von Plätzen versammelt war, in die einzelnen Teilbereiche von Politik, Religion, Wirtschaft und Verkehr. Für jeden dieser Teilbereiche des kulturellen Ganzen gab es nunmehr spezifische Gebäudetypen, die, gleichmäßig über die Stadt verteilt, an den Knotenpunkten der Achsen wie auf Präsentiertellern aufgestellt waren: Die Oper, der Louvre, das Grand Palais für Kunst, Kultur und Ausstellung, die Börse für die Geldwirtschaft, die Kopfbahnhöfe für den Verkehr, die freigelegten Kirchen für den Kult

Abb. 19 Der städtische Platz als Aufstellungsort monumentaler Solitärbauten: das Forum Fridericianum in **BERLIN** (Mitte 18. / Anfang 19. Jh.).

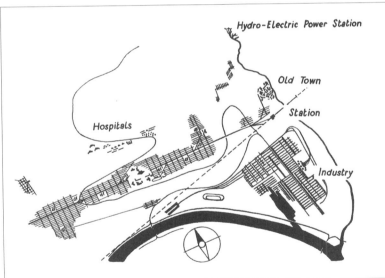

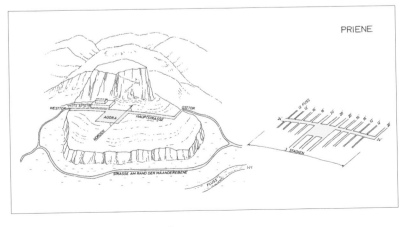

Abb. 20 Tony Garniers **CITÉ INDUSTRIELLE** (1904 / 1917), einer der letzten ganzheitlichen Entwürfe, der die Stadt in den Typologien von Straße und Platz zu fassen versuchte. Der Entwurf ist sichtlich von Theodor Wiegands städtebaulichen Forschungen in Priene (1895–1899) beeinflusst.

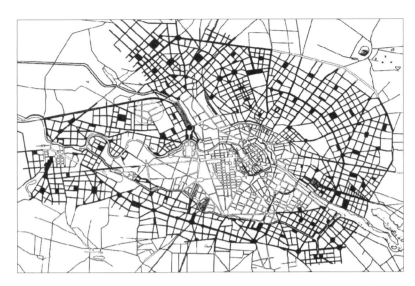

Abb. 21 Der Hobrecht-Plan für **BERLIN** 1862: Ein breiter Gürtel von Straßen und Plätzen in serieller Wiederholung umgibt die mittelalterliche Stadt und ihre barocken Erweiterungen.

usw. – sie alle standen auf eigens für sie entworfenen Plätzen, zeigten je einen einzigen Sonderbereich des Lebens und des Wirtschaftens und präsentierten ihn wie ein Ausstellungsstück.

Die industrielle Produktion, die eigentliche Wirtschaftsgrundlage des modernen Lebens, hatte in diesem Stadtgefüge bezeichnenderweise keinen Platz mehr, sie wanderte ab. Tony Garniers Cité Industrielle (1904 / 1917) (Abb. 20) ist vielleicht der letzte große Wurf, das gesamte Leben und Wirtschaften der modernen Gesellschaft einschließlich der Industrie im räumlichen Zusammenhang einer Stadt zu organisieren und in den Typologien von Straße und Platz architektonisch zu fassen. Dazu hat er sich erkennbar an Priene orientiert, eine ähnliche Topografie als Standort seiner Idealstadt angenommen und die antiken Typologien mit neuen Inhalten gefüllt. Das Kraftwerk, die Energiequelle und Lebensgrundlage der Cité Industrielle, thront wie eine antike Akropolis auf dem Berg über der Stadt. In der Mitte der Wohnquartiere hat Garnier ein ausgedehntes städtisches Forum vorgesehen, um das sich der Palast der Arbeit und die Bauten für Kultur, Bildung und Sport organisieren. Hier ist noch einmal alles in einer Sequenz von Architekturplätzen zusammengebracht, was die moderne Industriestadt um 1900 ausmacht, und die Produktivkräfte selbst sind mit der allgegenwärtigen elektrischen Akropolis zu einer städtebaulichen Dominante geworden. Eben darin aber ist Tony Garniers Cité Industrielle ohne Nachfolge geblieben.

Mit dem gründerzeitlichen Städtebau erfuhr der städtische Platz eine fortschreitende Sinnentleerung, die schon von den Zeitgenossen scharf kritisiert wurde. (Abb. 21) Die schiere Größe und Massenhaftigkeit dieser meist von Bauspekulanten angelegten Städte erzeugte eine ewige Wiederholung gleicher Stadträume. Als repetitives Element jedoch ist der städtische Platz denkbar ungeeignet, und ohne die Inhalte und Aufgaben, die ihn historisch hervorgebracht haben, verkommt er zu einer urbanistischen Leerformel ohne Sinn und Zweck.

Dies alles hat kein Geringerer als Camillo Sitte schon früh erkannt und mit seinen Ausführungen zu den „Grenzen der Kunst bei modernen Stadtanlagen", die ein eigenes Kapitel in der 1889 erschienenen Schrift „Der Städtebau nach seinen künstlerischen Grundsätzen" bilden, eine bestechend klare Analyse der Ursachen dieser Misere gegeben. Das rasche Wachstum der industriellen Städte, ihre schiere Größe, die Vervielfältigung des Platzes, die Bauspekulation, die Parzellierung von rein ökonomischen Standpunkten aus werden da genannt, aber auch „das Fehlen einer künstlerischen Grundidee" und die „Abwesenheit einer allgemein gültigen Weltanschauung".[10]

Camillo Sitte war eben keineswegs „eine Art Troubadour, der mit seinen mittelalterlichen Liedern das Getöse der modernen Industrie übertönen wollte", wie dies Sigfried Giedion mit billigem Spott behauptet hat.[11]

Im Gegenteil, er hat sehr klar die tiefen Umbrüche im Leben seiner Zeit gesehen und die Konsequenzen benannt, die dies für den künstlerischen Städtebau und die Architektur des modernen Großstadtplatzes haben musste. Vor allem aber mündet seine bestechend klare Analyse der großen Schwierigkeiten, unter den Bedingungen der Massenhaftigkeit, der Stadt als Ware und der Ökonomie als Selbstzweck die Stadt als Gesamtkunstwerk zu erhalten, keineswegs in Kulturpessimismus oder Resignation. Er hat nicht in die Klage der Kassandra in Schillers Ballade eingestimmt, die da lautet: „Warum gabst Du mir zu sehen, was ich doch nicht ändern kann? ... Schrecklich ist es deiner Wahrheit sterbliches Gefäß zu sein."[12]

Stattdessen endet Sittes Analyse mit der Aufforderung, die städtebaulichen „Grundsätze der Alten mit den modernen Forderungen in Einklang zu bringen", und dies aus einer zutiefst empfundenen gesellschaftlichen Notwendigkeit heraus. Denn die Architektur der Stadt ist ihm „ein bildendes Kunstwerk" für die Bewohner, der architektonisch geordnete Platz ein Spiegel der gesellschaftlichen Verfassung und eine allgegenwärtige steingewordene Mahnung an die elementaren Werte und Übereinkünfte, die die städtische Gemeinschaft begründen. Denn „dieses Kunstwerk ist es vor allem, das bildend auf die große Menge der Bevölkerung täglich und stündlich einwirkt"[13], und – so möchte man die eingangs zitierten Verse der Odyssee abwandeln – das es vielleicht unmöglich, auf jeden Fall aber sehr viel schwerer macht, dass aus städtischen Bürgern, aus „Kulturmenschen" im Sinne von Max Weber[14], wieder Kyklopen werden.

ANMERKUNGEN

[1] André Leroi-Gourhan, Hand und Wort. Die Evolution von Technik, Sprache und Kunst (1964), Frankfurt 1988; Ders., Die symbolische Domestikation des Raumes (1965), in: Jörg Dünne, Stephan Günzel, Raumtheorie. Grundlagentexte aus Philosophie und Kulturwissenschaften, Frankfurt 2006, S. 228–243.

[2] Anstelle von Einzelnachweisen zu den stadtbaugeschichtlichen Fakten verweise ich auf Mario Morini, Atlante di storia dell'urbanistica, Milano 1963.

[3] Jan Pieper, Die Anglo-Indische Station. Hindu-Stadtkultur und Kolonialstadtwesen im 19. Jahrhundert als Konfrontation östlicher und westlicher Geisteswelten, (Diss. Aachen 1974), Bonn 1977; dort auch die einschlägige Literatur.

[4] Barbara E. Mundy, Mapping the Aztec Capital. The 1524 Nuremberg Map of Tenochtitlan, Its Sources and Meanings, in: Imago Mundi, Vol. 50 (1998), S. 11–33.

[5] A. Koch, Griechisch-deutsches Taschenwörterbuch (1881), 9. Auflage, Berlin o. J.

[6] Paul Zucker, Town and Square: From the Agora to the Village Green, New York 1959, S. 19.

[7] Homer, Odyssee, nach der Übertragung von Johann Heinrich Voss, Hamburg 1781.

[8] Herodot, Historien [ca. 425 v. Chr. in Athen im Umlauf], übersetzt von A. Horneffer, Stuttgart 1971, S. 70.

[9] Klaus Humpert, Martin Schenk, Entdeckung der mittelalterlichen Stadtplanung. Das Ende vom Mythos der „gewachsenen Stadt", Stuttgart 2001.

[10] Camillo Sitte, Der Städtebau nach seinen künstlerischen Grundsätzen [1889] Wien 1922, S. 118–122.

[11] Sigfried Giedion, Raum, Zeit, Architektur. Die Entstehung einer neuen Tradition [1941], Ravensburg 1965.

[12] Friedrich Schiller, Kassandra (1802), 7.53, 8.63.

[13] Sitte [1889] 1922, S. 124.

[14] Max Weber in den Gesammelten Aufsätzen zur Wissenschaftslehre (WL180), zitiert nach Hans Peter Müller, Max Weber. Einführung in sein Werk, Köln 2007, S. 63: „der Mensch ist nicht nur ein ,sinnmachendes Gesellschaftstier', sondern ,Kulturmensch' …"

BILDNACHWEIS

Abb. 1   http://www.sumercywilizacja.xorg.pl/grafika/zdjecia/ eridu_plan.jpg, aufgerufen am 20.11.2012

Abb. 2   Jan Pieper, Die Anglo-Indische Station. Hindu-Stadtkultur und Kolonialstadtwesen im 19. Jahrhundert als Konfrontation östlicher und westlicher Geisteswelten, (Diss. Aachen 1974), Bonn 1977, Abb. 3–5, S. 14

Abb. 3   I. S. Indapur Town 1878, in: Pieper 1977, Abb. 36, S. 56

Abb. 4   Pieper 1977, Abb. 56, S. 80

Abb. 5   Jeffrey F. Meyer, Beijing as a Sacred City (zugl. Chicago Univ., Thesis, 1973), Taipeh 1976 (= Asian folklore and social life monographs, 81), S. 4

Abb. 6   http://www.geographicus.com/mm5/graphics/00000001/L/ EdoTokyo-schley-1752.jpg, aufgerufen am 20.11.2012

Abb. 7   http://en.wikipedia.org/wiki/File:1696_Genroku_9_(early_Edo) _Japanese_Map_of_Kyoto,_Japan_-_Geographicus_-_Kyoto-genroku9-1696.jpg, aufgerufen am 20.11.2012

Abb. 8   a. http://commons.wikimedia.org/wiki/File:Pascal_Coste_Isphahan.jpg, aufgerufen am 20.11.2012
          b. © Google Earth, aufgerufen am 20.11.2012

Abb. 9   Barbara E. Mundy, Mapping the Aztec Capital. The 1524 Nuremberg Map of Tenochtitlan, Its Sources and Meanings, in: Imago Mundi, Vol. 50 (1998), S. 12

Abb. 10 http://www.mesoamerica.de/mesoamerika/mexiko-zentral/ tlatelolco/ tlatelolco.htm, aufgerufen am 20.11.2012; dazu Ausschnitte aus der Nürnberger Karte (vgl. Abb. 9)

Abb. 11 a. Madmedea, auf: http://www.ancient.eu.com/image/192/, aufgerufen am 20.11.2012
          b. Kevin T. Glowacki und Nancy L. Klein, auf: http://www.stoa.org/ athens/sites/agorashortguide/source/ p05049.html, aufgerufen am 20.11.2012

Abb. 12 Paul Zucker, Town and Square: From the Agora to the Village Green, Cambridge 1970, Plate 6, S. 40

Abb. 13 http://upload.wikimedia.org/wikipedia/commons /4/49/ Plan_von_Poempeji-Mau.jpg, aufgerufen am 20.11.2012

Abb. 14 http://freepages.genealogy.rootsweb.ancestry. com/~mlcarl/ Qu/AC/Karte/ AC_BU_Rappard_1860_30pc.jpg, aufgerufen am 20.11.2012

Abb. 15 http://upload.wikimedia.org/wikipedia/commons/6/64/ Oels.png, aufgerufen am 20.11.2012

Abb. 16 Michael Maaß (Red.), Planstädte der Neuzeit vom 16. bis zum 18. Jahrhundert, Katalog der Ausstellung des Landes Baden-Württemberg, Karlsruhe 1990, S. 69

Abb. 17 a. Zeichnung des Verfassers
          b. Jan Kulich, Teltsch: Das Schloß und die Stadt, Libice 1999, S. 32
          c. Zeichnung des Verfassers

Abb. 18 a. Lalupa, auf: http://upload.wikimedia.org/wikipedia/ commons/f/f7/Pigna_-_piazza_s_Ignazio_1130625-6-7.JPG, aufgerufen am 20.11.2012
          b. Joseph Connors, Alliance and Enmity in Roman Baroque Urbanism, in: Christoph Luitpold Frommel, Matthias Winner (Hg.), Römisches Jahrbuch der Bibliotheca Hertziana, 25.1989, Tübingen 1989, S. 287

Abb. 19 Martin Engel, Das Forum Fridericianum und die monumentalen Residenzplätze des 18. Jahrhunderts, Diss. Berlin 2001, Abb. 1 (o. S.) (Elektron. Ressource unter http://www.diss.fu-berlin.de/ diss/servlets/ MCRFileNode Servlet/FUDISS_derivate_ 000000004525/jpgs?hosts=), aufgerufen am 20.11.2012

Abb. 20 a. Claude Eveno (Hg.), Tony Garnier: L'œuvre complète: Ouvrage publié à l'occasion de l'exposition „Tony Garnier (1869–1948)", Paris 1990, S. 47
          b. Eveno 1990, S. 76
          c. Dora Wiebenson, Tony Garnier. The Cité Industrielle, New York 1969 (Planning and Cities), S. 96
          d. Wolfram Hoepfner, Ernst-Ludwig Schwandner, Haus und Stadt im Klassischen Griechenland, München 1986 (Wohnen in der klassischen Polis, Band 1), S. 147

Abb. 21 Harald Bodenschatz, Platz frei für das Neue Berlin! Geschichte der Stadterweiterung in der „größten Mietskasernenstadt der Welt" seit 1871, Berlin 1987, S. 54

BEISPIELE VON PLATZRÄUMEN ALS ANLEITUNG ZUM ENTWURF

Der Platzraum ist der öffentliche Wohnraum der europäischen Stadt. Auch wenn die heutigen Nutzungen dieses Wohnraums oft nicht mehr seiner ursprünglichen Funktion entsprechen, so kommt man doch bis zum heutigen Tage in ihm zusammen, um einzukaufen, zu feiern, zu demonstrieren oder sich einfach nur zu treffen und dort zu verweilen. **Rathausplatz, Domplatz, Kirchplatz, Marktplatz, Theaterplatz, Opernplatz und Bahnhofsplatz** sind nur einige der noch heute im Sprachgebrauch üblichen Begriffe für den Platzraum der Stadt. So wie der Hofraum für die Anwohner des Mietshauses und der Wohnraum der Versammlungsraum der Familie ist, so ist der Platzraum der Ort, in dem die Bewohner der Stadt zusammenkommen. Im Folgenden werden verschiedenste Platzräume anhand von funktionalen und gestalterischen Kriterien verglichen, um daraus Ideen für den eigenen Entwurf entwickeln zu können. **Eines der wesentlichen Merkmale der europäischen Stadt ist der Verbund zwischen öffentlichem Gebäude und Platzraum. Schon die Namen** Rathaus-platz, Markt-platz, Münster-platz **oder** Opern-platz **verdeutlichen, dass dem öffentlichen Gebäude Plätze zugeordnet wurden.** Da diese Verbindung im modernen Städtebau weitgehend verloren gegangen ist, werden im Folgenden Beispiele mit unterschiedlichsten Größen und Funktionen dokumentiert. In den sich anschließenden Schnitten finden sich die Höhen der umgebenden Bebauung, um das Verhältnis von Platzfläche zu Gebäudehöhe erfassen zu können.

Lageplan M 1 : 2.500   0   25   50   75   100   125

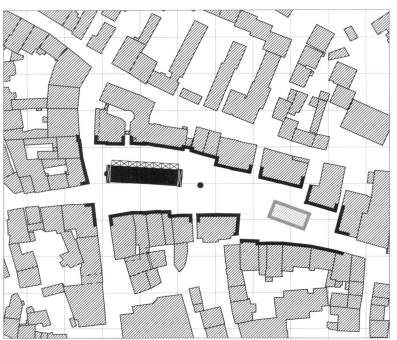

RATHAUSPLATZ Kempten, 176 × 39 Meter   **Siehe auch Seite 98**

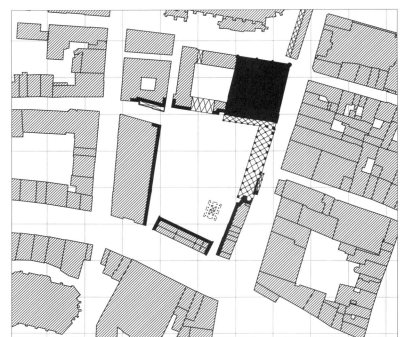

MARKTPLATZ Lübeck, 81 × 62 Meter   104

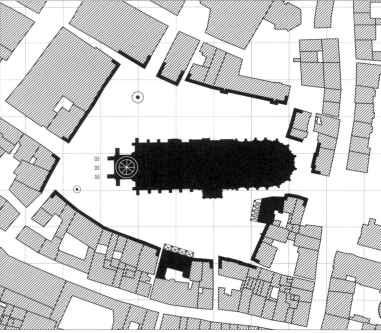

MÜNSTERPLATZ Freiburg, 146 × 113 Meter   78

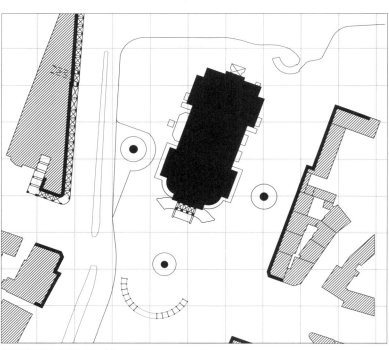

OPERNPLATZ Frankfurt am Main, 196 × 143 Meter   72

DAS ÖFFENTLICHE GEBÄUDE UND DER IHM ZUGEORDNETE PLATZRAUM

Die Zuordnung von Platzräumen zu öffentlichen Gebäuden ist für den städtebaulichen Entwurf von Stadtteilen und Quartieren von besonderer Bedeutung. Unabhängig von ihrer Größe und Funktion stellen sie das Zentrum eines Quartiers dar. In unserer Zeit sind es Schulen, Bezirksämter, Stadtteilhäuser, technische Rathäuser, Gemeindehäuser oder Kindergärten, die als öffentliche Bauwerke errichtet werden. Es kann aber auch das Gebäude eines U-Bahn-Ausgangs sein, mit dem ein Platz sichtbar als öffentlicher Stadtraum entwickelt werden kann. Allen Beispielen gemein sind die städtebauliche Repräsentation und die Komposition von Platzraum und Gebäude. Am Gärtnerplatz in München ordnet sich das Theater der städtebaulichen Figur

unter und wird nur durch einen Vorbau (Portikus), der den Eingang markiert, in der Abwicklung der Platzfassaden als öffentliches Bauwerk wahrnehmbar. In den drei anderen Beispielen dagegen stehen die Gebäude als Solitäre. Der Marktplatz in Ludwigsburg ist durch zwei sich axial gegenüberliegende Kirchenbauwerke gekennzeichnet. Ihre Dominanz im Platzraum wird durch die Symmetrie, den Maßstabssprung und die Einheitlichkeit der zweigeschossigen Randbebauung entwickelt. Das alte Rathaus am Bismarckplatz in Lindau trennt als öffentliches Gebäude zwei Platzräume und entwickelt damit eine Platzfolge. Der Königsplatz in München vereint drei Solitärgebäude, die mit ihren Eingängen auf einen repräsentativ gestalteten und von Baumwänden eingefassten Parkraum ausgerichtet sind. Die achsensymmetrisch entwickelte städtebauliche Anlage lässt die offene Bauweise zu einer in sich geschlossenen stadträumlichen Einheit werden.

Lageplan M 1:2.500 0 25 50 75 100 125

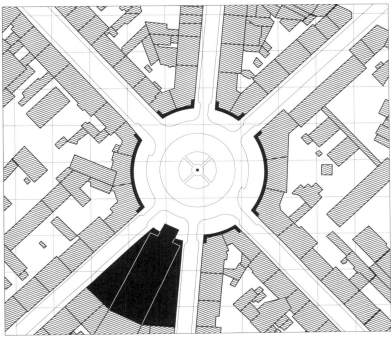

MÜNCHEN Gärtnerplatz, Ø 87 Meter — 114

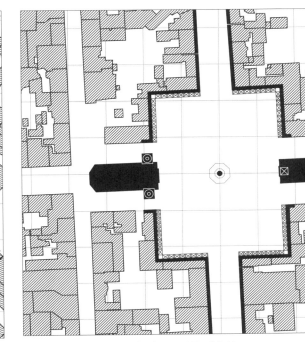

LUDWIGSBURG Marktplatz, 107 × 80 Meter — 110

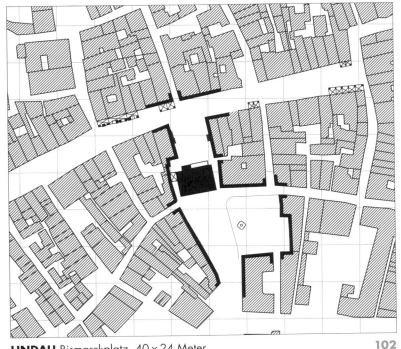

LINDAU Bismarckplatz, 40 × 24 Meter — 102

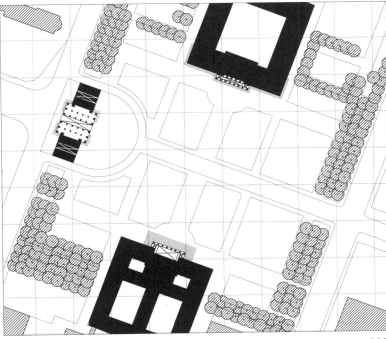

MÜNCHEN Königsplatz, 155 × 118 Meter — 118

DIE DOMINANZ ÖFFENTLICHER GEBÄUDE IM PLATZRAUM

Ein öffentliches Gebäude benötigt Dominanz im städtischen Raum, um den ihm innewohnenden öffentlichen Charakter zu dokumentieren. Diese Dominanz lässt sich durch die Lage, den architektonischen Charakter oder die Größe des Bauwerks am Platz entwickeln. Eine der städtebaulich unkompliziertesten Lösungen stellt die symmetrische Anordnung des Gebäudes im Platzraum dar. So steht das Rathaus in Wismar in der Symmetrie-achse eines nahezu quadratischen Platzes. Ohne Wissen um die örtliche Situation ist die Dominanz schon im Schwarzplan leicht erkennbar. Das Rathaus in Stralsund dagegen verdeutlicht den öffentlichen Charakter allein durch die Höhe seiner Platzfassade. In einer Ecke des Platzraums angeordnet, dokumentiert es seinen öffentlichen Charakter als Bauwerk durch seine aufstrebende gotische, in Ziegelstein errichtete Platzfassade und das in den Platzraum hineingeschobene offene Erdgeschoss. Auch das alte Rathaus in Leipzig steht städtebaulich fast beiläufig in einer Ecke des alten Marktes. Mittig am Platz erhebt sich lediglich der Rathausturm, der damit auf die Situation der asymmetrischen Anordnung des Gebäudes reagiert. Eine vorgesetzte durchlaufende Arkade und sechs zweigeschossige Zwerchgiebel verdeutlichen den öffentlichen Charakter des Gebäudes. Das Rathaus in Weimar ist durch einen vor die Fassade gesetzten Portikus und den darüber-liegenden Rathausturm als öffentliches Gebäude gekennzeichnet. Auch dieses Bauwerk steht nicht mittig in der Platzfassade. Trotz-dem behauptet es in seiner architektonischen Haltung über die Fassadensymmetrie mit Rathausturm und Portikus seine Stellung als öffentliches Gebäude am Platz.

Lageplan M 1 : 2.500

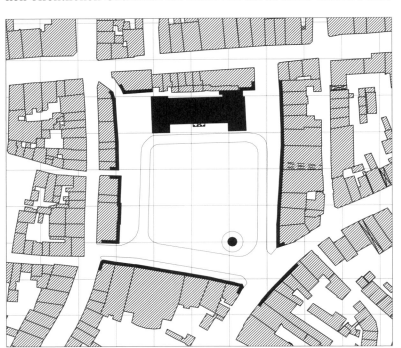

WISMAR Am Markt, 104 × 104 Meter — 138

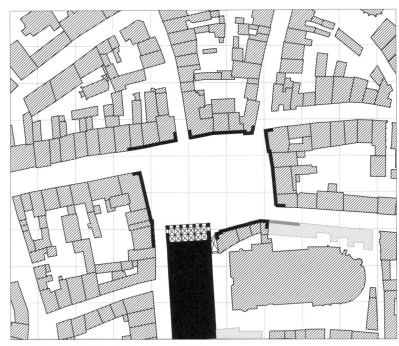

STRALSUND Alter Markt, 83 × 65 Meter — 126

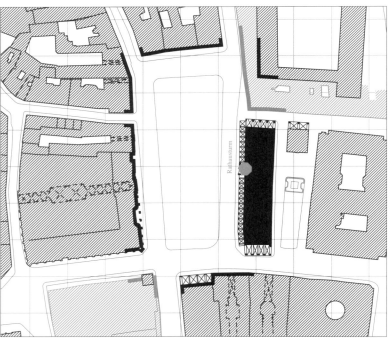

LEIPZIG Marktplatz, 153 × 69 Meter — 100

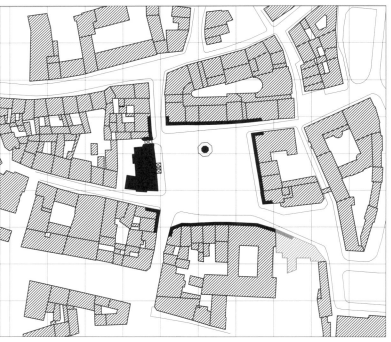

WEIMAR Marktplatz, 67 × 67 Meter — 136

PLATZRÄUME

DIE REPRÄSENTATION DES BÜROHAUSES IM PLATZRAUM

Nicht jeder Platz benötigt eine Bebauung mit städtischer Mischnutzung. Die Anordnung von Monostrukturen wie etwa der von Büro- oder Wohnhäusern, von Wirtschaftsunternehmen oder von kommunaler Verwaltung stellt eine gebräuchliche Variante von Platzräumen in der europäischen Stadt dar. Es bedarf hierzu stadträumlicher Stringenz beispielsweise in Form einer Achsensymmetrie und der Schönheit und Einheitlichkeit auch der den Platz umgebenden Fassaden. Am Ende eines Boulevards angeordnet und mit dem sich in die Landschaft hinein öffnenden Brandenburger Tor entwickelt der Pariser Platz in Berlin einen besonderen städtebaulichen Charakter, der jeder dort angesiedelten Institution für die eigene Repräsentation nutzt.

Etwas weniger repräsentativ, aber mit einer großen Nutzungsvielfalt versehen stellt sich der Leipziger Platz in Berlin dar. Die quer über den Platz verlaufende, in den Raum nicht integrierte sechsspurige Stadtstraße und eine ungeordnete Begrünung bilden keine Einheit mit der städtebaulich angelegten Platzform und entwickeln damit wenig Repräsentativität. Der Johannes-Rau-Platz in Wuppertal wird durch das Rathausgebäude der Stadt eingefasst. Das Bauwerk selbst umgibt den zu Beginn des 20. Jahrhunderts entstandenen Raum mit seinen auf Arkaden ruhenden repräsentativen Platzfassaden. Wie das Bürohochhaus an der Friedrich-Ebert-Anlage in Frankfurt am Main zeigt, lassen sich auch heutige Verwaltungsgebäude mit Flächen von über 40.000 Quadratmetern an einem Platz zusammenfassen. Der Platzraum öffnet sich mit Arkaden in die Straße hinein, bildet einen Verbund von Platz und Haus und ist damit repräsentativer Vorplatz zum Gebäude.

Lageplan M 1:2.500 0 25 50 75 100 125

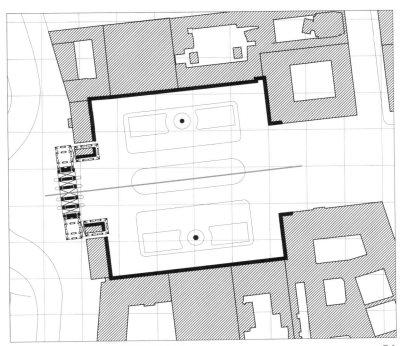

BERLIN Pariser Platz, 121 × 116 Meter   56

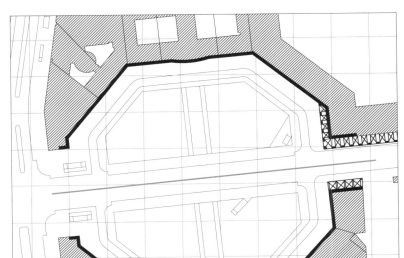

BERLIN Leipziger Platz, 168 × 163 Meter   50

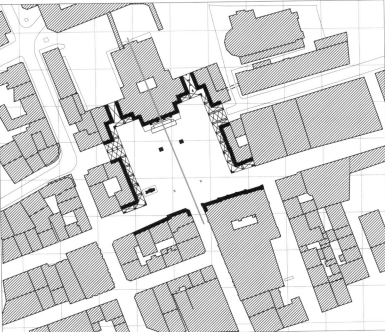

WUPPERTAL Johannes-Rau-Platz, 68 × 61 Meter   140

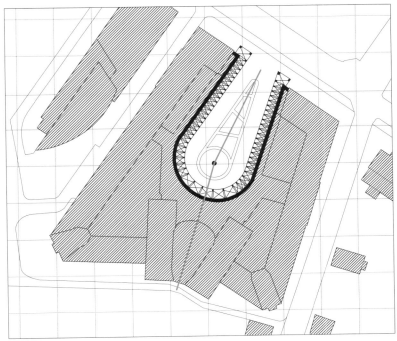

FRANKFURT/M. Friedrich-Ebert-Anlage, 23 × 88 Meter

ANMUTUNG UND GRÖSSE STÄDTISCHER WOHNPLÄTZE

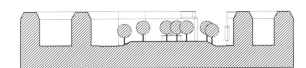

Schnitt M 1:2.500

BERLIN
Helmholtzplatz

Städtische Wohnplätze dienen der Erholung ihrer Bewohner und sind oft gleichzeitig zentraler Treffpunkt im Stadtquartier. Die meist großzügigen Anpflanzungen von Bäumen fungieren als Schattenspender und Sauerstoffproduzenten zugleich. Der Chamissoplatz in Berlin wird ausschließlich als großer Kinderspielplatz für das Wohnquartier genutzt. Er ist nur von Wohnhäusern umstanden. Das Beispiel zeigt, wie der Mangel überdimensionierter Straßeneinführungen durch ein Dach groß gewachsener Laubbäume im Nachhinein ausgeglichen werden kann. Der Helmholtzplatz in Berlin bietet in seinen Randbereichen auch Einzelhandel und Gewerbe sowie in der Platzmitte Sporteinrichtungen, einen Kieztreff und parkartige Erholungszonen. **Eine Besonderheit ist das um etwa drei Meter angehobene Niveau der Parkfläche, das dem** Besucher das Gefühl vermittelt, sich über den Straßenräumen der umgebenden Stadt in einer eigenen Welt zu bewegen. Der Viktoria-Luise-Platz in Berlin verbindet Schönheit und Erholungsraum. Als zentraler Schmuckplatz im Stadtteil Schöneberg repräsentiert er ähnlich einem öffentlichen Gebäude das Gemeinwesen Stadt. **Schon im Schwarzplan sind die auf den Schmuckplatz ausgerichteten Erker als architektonisches Verbindungselement der Platzfassade zwischen städtischem Raum und Wohnraum deutlich erkennbar.** Der Lichtenbergplatz in Hannover ist nur mit einem Baum bepflanzt und von einem Ring aus Blumenrabatten umgeben. Seine Schönheit entwickelte er aus der Einheitlichkeit seiner reich verzierten Platzfassaden.

Lageplan M 1:2.500   0   25   50   75   100   125

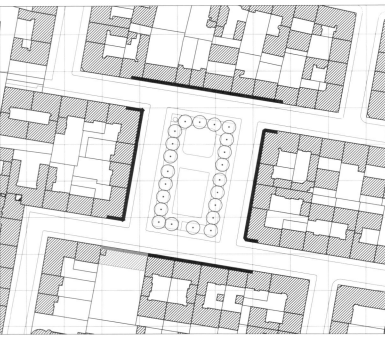

BERLIN Chamissoplatz, 116 × 80 Meter   46

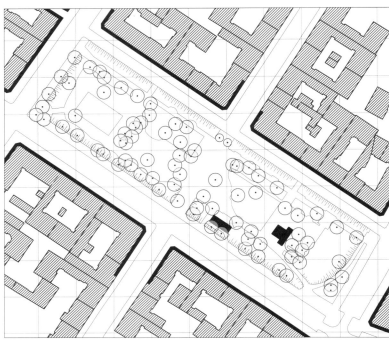

BERLIN Helmholtzplatz, 283 × 94 Meter   48

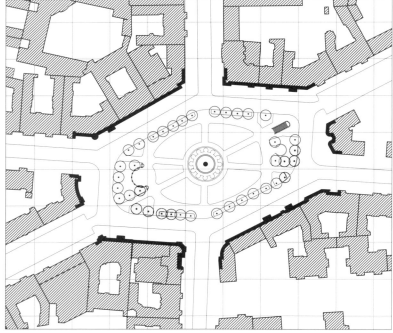

BERLIN Viktoria-Luise-Platz, 172 × 105 Meter   62

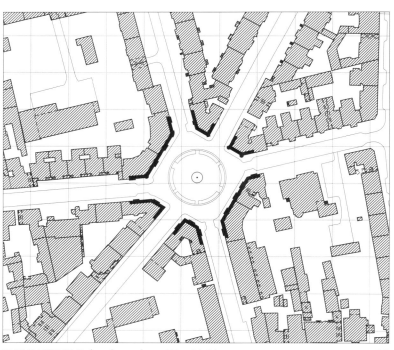

HANNOVER Lichtenbergplatz, 56 × 56 Meter   92

Die folgenden Beispiele zeigen Plätze, die mit Gebäuden vom Typus des städtischen Reihenhauses umstanden und eingefasst sind. St. Leonhards Garten in Braunschweig ist einer der ersten städtebaulichen Entwürfe neuerer Zeit, in dem ein geschlossener Wohnplatz wieder in einer klaren, geschlossenen Raumform entwickelt wurde. **Der Platz zeigt, wie mit Reihenhäusern, die seit den 1950er Jahren bis heute nur in hintereinandergesetzten Siedlungszeilen errichtet werden, städtische Quartiersplätze entstehen können. Die Häuser haben eine Vorder- und eine Rückfassade, die sich voneinander unterscheiden und zum Platz hin einheitlich in rotem Ziegelstein gearbeitet sind. Damit wird der Ensemblecharakter des Platzes nachhaltig gestärkt.** Eine ähnlich stringente Platzform gibt es in Lüneburg Am Sande. Und auch hier findet sich der Typus des Reihenhauses. Im Vergleich zu St. Leonhards Garten ist er aber darüber hinaus im Erscheinungsbild als Platzeinheit durch die Reihung der vorgeblendeten Giebel als Typus für das Auge deutlicher wahrnehmbar. Die sich wiederholende Giebelform bildet eine Einheit in der

Vielfalt der Platzfassaden. **Anders ist auch die Grundrissform dieses gereihten Hauses. Diese bildet mit dem rückwärtigen Flügelanbau einen Hofraum, der als Wohn-Ergänzungsfläche genutzt wird und einen vor Einblicken geschützten Außenraum auf der rückwärtigen Gartenseite des Gebäudes bietet** (1). Darüber hinaus entsteht mit diesem Flügelanbau sehr viel mehr nutzbare Wohnfläche.

Lageplan M 1 : 2.500

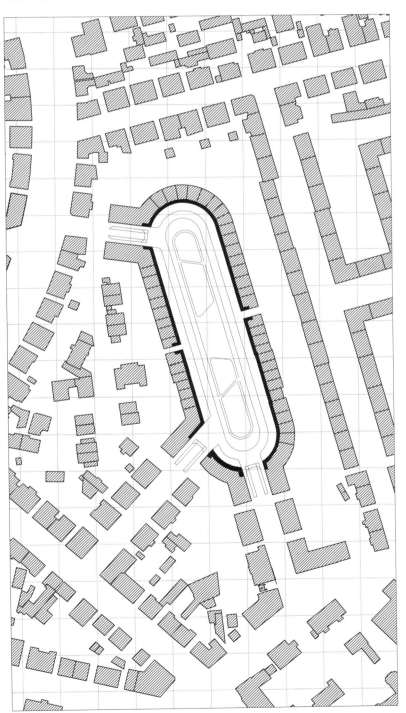

BRAUNSCHWEIG St. Leonhards Garten, 186 × 45 Meter 66

LÜNEBURG Am Sande, 222 × 34 Meter 108

23

VERKEHRSKNOTEN UND PLATZRAUM

Straßen, vor allem aber ihre Kreuzungen benötigen eine stadträumliche Fassung durch Hausfassaden. Dazu ist es zunächst notwendig, dass die Gebäude prinzipiell parallel zur Verkehrsfläche stehen. Auch am Platz verläuft die Kante des Bürgersteigs im Regelfall parallel zu den Häusern, um die räumliche Einheit von Platzfläche und Platzfassade erlebbar werden zu lassen. Im Beispiel Königsplatz in Kassel wird diese räumliche Einheit durch Bäume und einen kreisförmigen Wasserring verstärkt. Hier ordnen sich auch die Häuser der Kreisform des Platzes unter, indem ihre Platzfassaden gebogen ausgeführt sind. Die offene Bebauung am Karolinenplatz in München benötigt keine runden Platzfassaden. Die Fassaden sind aber streng auf einen mittig gesetzten Obelisken ausgerichtet. Mit dieser konsequenten Ausrichtung aller Haus-, Straßen- und Pflanzelemente entwickelt der kreisrunde Platz eine besondere Schönheit. Der im Durchmesser mehr als 200 Meter tiefe Circus in Putbus ist als Platzraum nicht erfahrbar. Als Schmuckplatz aber ist er ein Beispiel für die Entzerrung von überörtlichem Verkehr. Die Einmündungen von Straßen sind meist mit leicht erhöhten Eckhäusern versehen, um diese kenntlich zu machen. Der Strausberger Platz in Berlin zeigt, dass auch Straßenkreuzungen mit sechsspurigen Fahrbahnen als Platzraum gefasst werden können. **Alle Platzfassaden sind einheitlich in einem Material gearbeitet. Die Eckgebäude sind erhöht und verengen den Straßenraum im Bereich der Einmündungen in den Platz. Beide Entwurfsprinzipien, die Erhöhung der Eckgebäude und das einheitliche Material, machen den Platz als räumliche Einheit erfahrbar.**

Lageplan M 1:2.500   0   25   50   75   100   125

KASSEL Königsplatz, Ø 130 Meter   96

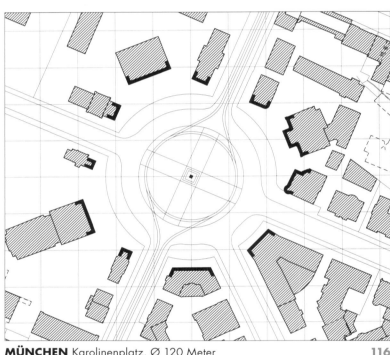

MÜNCHEN Karolinenplatz, Ø 120 Meter   116

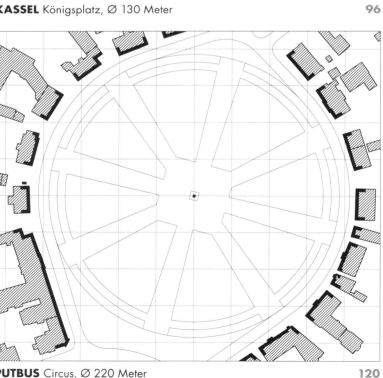

PUTBUS Circus, Ø 220 Meter   120

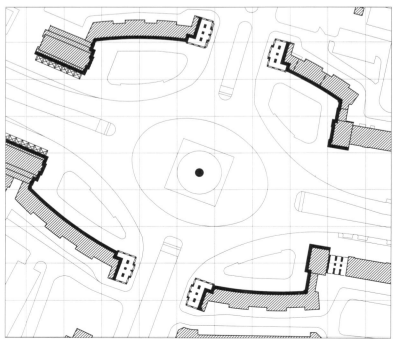

BERLIN Strausberger Platz, 180 × 150 Meter   58

OFFENE BEBAUUNG UND PLATZRAUM

Die offene Bauweise ist eines der beliebtesten städtebaulichen Prinzipien unserer Zeit. Dies ist unter anderem der Tatsache zuzuschreiben, dass die Stadtplanung von der Architektur getrennt entwickelt und gedacht wird. Städtische Räume aber benötigen stadträumliches und damit architektonisches Denken. Soll ein Platz für das Auge als städtischer Raum erfahrbar werden, bedarf es einiger grundlegender städtebaulicher Entwurfsprinzipien, die nur im Zusammenspiel von Architektur und Planung entwickelt werden können. **Material und Farbe** Wie die beiden Beispiele Theaterplatz in Dresden und Marktplatz in Bremen in ihrer offenen Bauweise zeigen, benötigen die frei stehenden Gebäude ein einheitliches Material, um als Raumensemble erfahrbar zu werden. **Raumabschluss** In den Beispielen

scheinen die unterschiedlichen Bauwerke am Platz fast willkürlich angeordnet zu sein. Tatsächlich aber wird der städtische Raum von den Fassaden der hinter den Platzöffnungen liegenden Gebäude der sich anschließenden Plätze und Straßen geschlossen. Am deutlichsten ist dies am Marktplatz in Bremen sichtbar, wo der St. Petri Dom und die Kirche Unser Lieben Frauen den Stadtraum an den sich anschließenden Plätzen schließen. **Ausrichtung der Gebäude** Um ein visuelles Platzzentrum entwickeln zu können, sind alle Gebäude, die den Platzraum umstellen, auf diesen mit ihrer Eingangsfassade ausgerichtet. Die Architektur der Gebäude benötigt demnach ein Vorne und ein Hinten, eine Platzfassade und eine Rückfassade. **Hierarchie der Gebäude** Steht ein öffentliches Gebäude am Platz, muss dieses architektonisch hervorgehoben werden. In einem Bebauungsplan lässt sich dies beispielsweise durch die Geschossigkeit, die Lage am Platz oder die Anordnung einer offenen Arkade am Haupteingang des Gebäudes festlegen.

Lageplan M 1 : 2.500   0   25   50   75   100   125

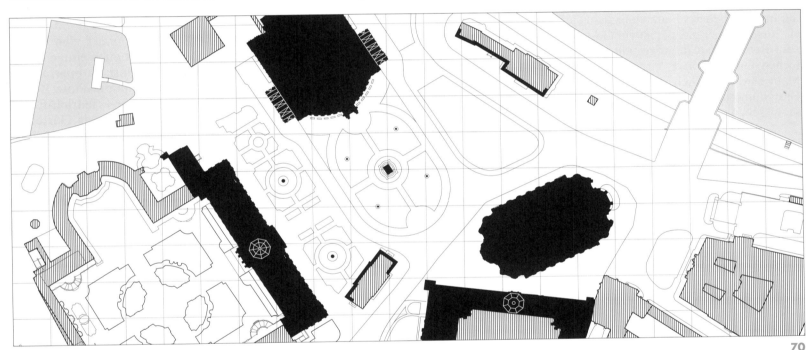

DRESDEN Theaterplatz, 192 × 139 Meter

70

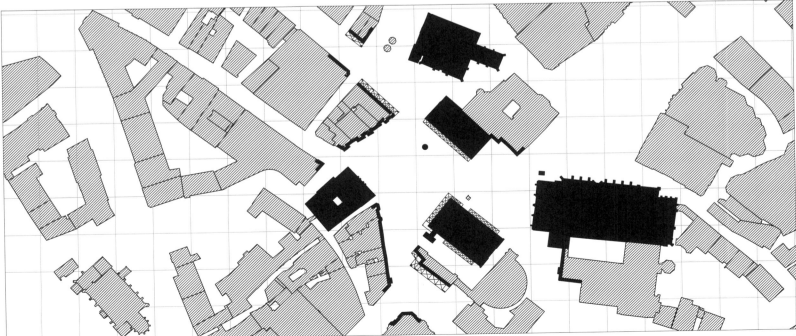

BREMEN Marktplatz, 68 × 65 Meter

68

PLATZRÄUME
IM VERGLEICH

Mehr noch als im Straßenraum benötigt der Entwurf eines Platzraums das Zusammenwirken von städtebaulicher Planung und Architektur. In der Praxis bedeutet dies, dass der Entwurfsprozess nicht, wie meist üblich, mit dem Einsetzen der Bauleitplanung beendet sein darf. Die vielen Anpassungen, die im Planungsprozess mit den Trägern der öffentlichen Belange unter Umständen vorgenommen werden müssen, sind so in den Entwurf zu integrieren, dass das städtebauliche Konzept unbeschadet bleibt.

Platzfassade Das Gleiche gilt für die Architektur. Die Häuser haben sich dem städtebaulichen Konzept einzufügen. Sie sind Teil des architektonischen Raums und haben die Gesamtarchitektur des Platzes zu ergänzen. Ihre Fassaden werden in der Addition zur Platzfassade. Die Außenwände der Innenräume der Häuser sind die Innenwände des Platzraums. Um sie in städtebaulicher Einheit als Ensemble zu planen, ist ein Gestaltungskonzept nötig, das mit dem Bebauungsplan aufgestellt wird. Dies gilt auch für den einfachen Quartiersplatz. An der Braubachstraße in Frankfurt am Main wird ersichtlich, dass es nur weniger Festsetzungen in einer Gestaltungssatzung bedarf, um einen architektonisch in sich geschlossenen städtischen Raum zu entwickeln (Straßenräume).

Der **Alte Markt in Stralsund** zeigt, wie unterschiedlich die Architektur von Platzfassaden sein kann, ohne dass die Einheit des städtischen Raums dadurch gestört würde. Die Häuser stammen aus unterschiedlichen Zeiten, haben verschiedenste Höhen und stehen trauf- oder giebelständig am Platz. Der Alte Markt zeigt aber auch, dass die Platzfassaden architektonisch differenzierter gearbeitet sind als ihre Rückseiten, die Hoffassaden. Die Platzfassade repräsentiert das einzelne Haus in den öffentlichen Raum hinein.

Öffentliches Gebäude An kaum einem anderen Ort in Deutschland wird die Stellung des Rathauses als öffentliches Gebäude am Platz so deutlich ablesbar wie in Stralsund. Mit ihren drei Geschossen reichen die Platzfassaden der den städtischen Raum einfassenden Häuser kaum an die Höhe des massiven Rathaussockels mit dem darüberliegenden Rathaussaal heran. Das Beispiel zeigt, wie ein öffentliches Gebäude auch ohne zentrale Lage am Platz schon durch seine Höhe als dominantes Gebäude entwickelt werden kann und damit dem gesellschaftlichen Anspruch einer städtebaulichen Vorrangstellung gerecht wird.

Vor allem aber zeugt die darüber aufgemauerte viergeschossige **Blendfassade** von der architektonischen Möglichkeit, ein städtisches Gebäude durch eine anspruchsvoll gearbeitete Fassadenarchitektur im öffentlichen Stadtraum präsent werden zu lassen.

Hoftor am Platz Wie am Hauptmarkt in Trier steht auch in Stralsund die Stadtkirche nicht direkt am Marktplatz, sondern wird über ein repräsentatives Eingangsportal mit diesem verbunden. Die St. Nikolai-Kirche stellt eine Hofbebauung dar, deren Größe fast die gesamte Fläche des Alten Marktes einnimmt. Das Beispiel der Kirche macht deutlich, wie eine großflächige Nutzung, ein Möbelmarkt oder ein Parkhaus beispielsweise, in Hofräumen untergebracht und mit einem repräsentativen Eingangsgebäude an den öffentlichen Platz angeschlossen werden kann, ohne diesen städtebaulich in Mitleidenschaft ziehen zu müssen.

Bebauungsprinzipien von Platzräumen
Die im Folgenden aufgeführten Beispiele aus verschiedenen Jahrhunderten stellen Bebauungsprinzipien von Stadtplätzen dar, deren Vergleich in Form, Größe, Erschließung und städtebaulichem Charakter Anleitung zum Entwurf von Platzräumen sein kann. Der Vergleich beinhaltet auch einige Plätze des 20. Jahrhunderts, den Johannes-Rau-Platz Wuppertal, den Strausberger Platz Berlin, den Walter-Benjamin-Platz Berlin, den Leipziger Platz Berlin, den Platzraum Friedrich-Ebert-Anlage in Frankfurt am Main und St. Leonhards Garten in Braunschweig. Vor allem Letztere verdeutlichen die Möglichkeit, auch heute Platzräume entstehen zu lassen, die zur Identität eines Quartiers beitragen.

STRALSUND Alter Markt, 13. Jh.

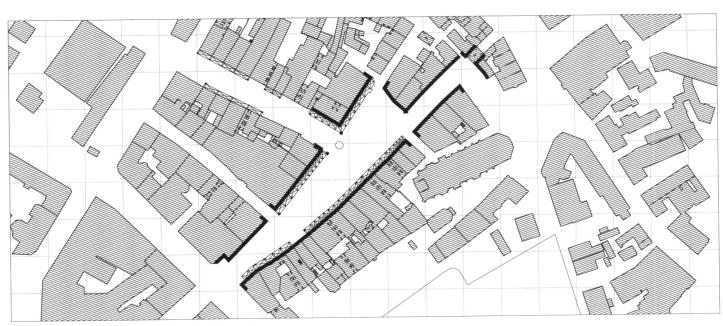

ROSENHEIM Max-Josefs-Platz, 14. Jh.

ANSBACH Martin-Luther-Platz, Montgelasplatz, Johann-Sebastian-Bach-Platz, 13. Jh.

44

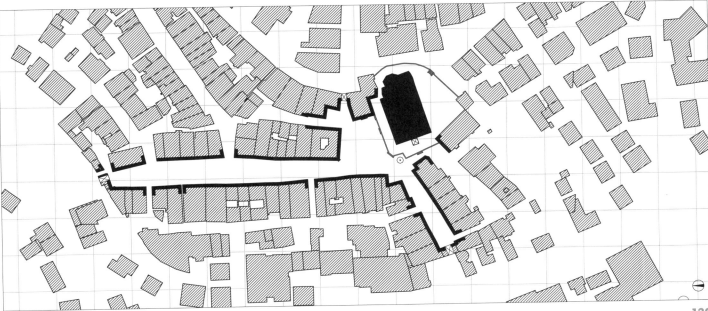

WANGEN Paradiesstraße, Marktplatz, Postplatz, Herrenstraße, 13. Jh.

132

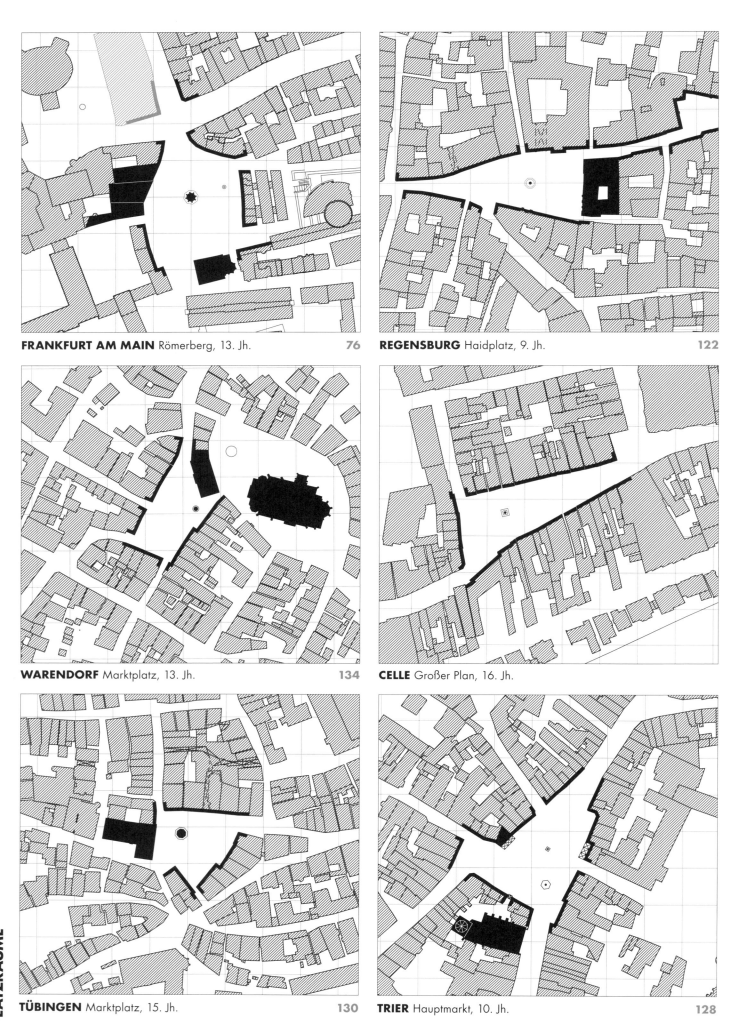

FRANKFURT AM MAIN Römerberg, 13. Jh.   76

REGENSBURG Haidplatz, 9. Jh.   122

WARENDORF Marktplatz, 13. Jh.   134

CELLE Großer Plan, 16. Jh.

TÜBINGEN Marktplatz, 15. Jh.   130

TRIER Hauptmarkt, 10. Jh.   128

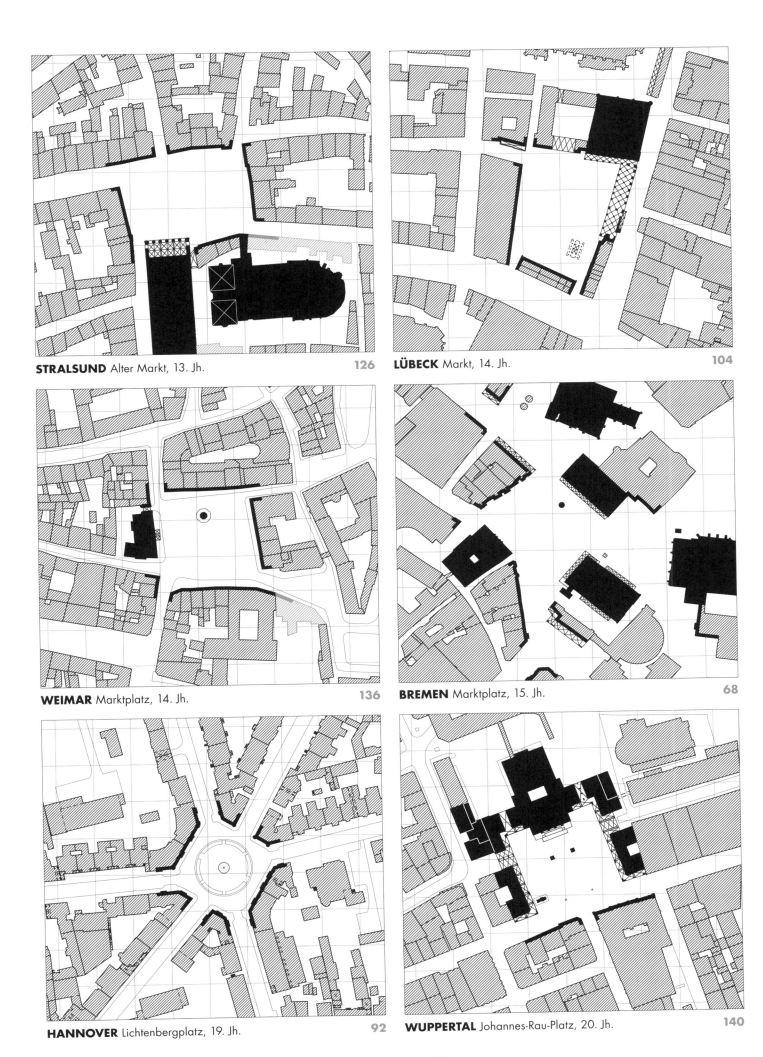

STRALSUND Alter Markt, 13. Jh.   126

LÜBECK Markt, 14. Jh.   104

WEIMAR Marktplatz, 14. Jh.   136

BREMEN Marktplatz, 15. Jh.   68

HANNOVER Lichtenbergplatz, 19. Jh.   92

WUPPERTAL Johannes-Rau-Platz, 20. Jh.   140

LINDAU Bismarckplatz, 11. Jh.   102

ALSFELD Marktplatz, 15. Jh.   40

HEIDELBERG Marktplatz, 13. Jh.   94

KEMPTEN Rathausplatz, 12. Jh.   98

GÖRLITZ Untermarkt, 13. Jh.   84

FREIBURG Münsterplatz, 12. Jh.   78

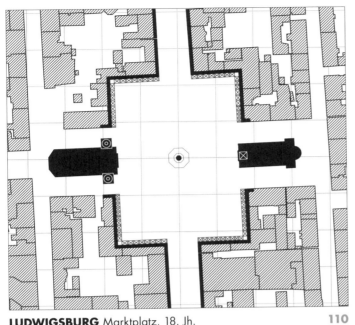

LUDWIGSBURG Marktplatz, 18. Jh.   110

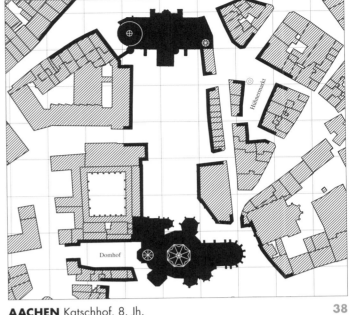

AACHEN Katschhof, 8. Jh.   38

KARLSRUHE Marktplatz, 19. Jh.

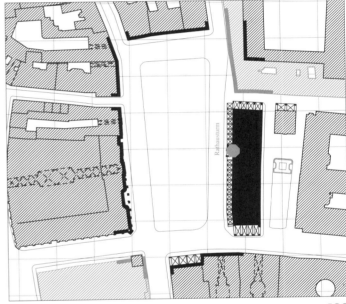

LEIPZIG Marktplatz, 16. Jh.   100

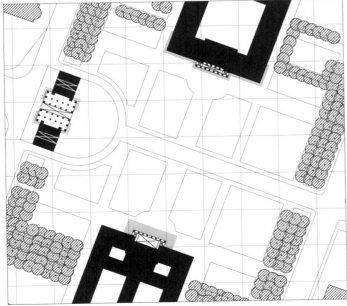

MÜNCHEN Königsplatz, 19. Jh.   118

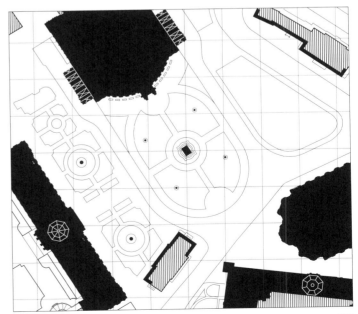

DRESDEN Theaterplatz, 19. Jh.   70

31

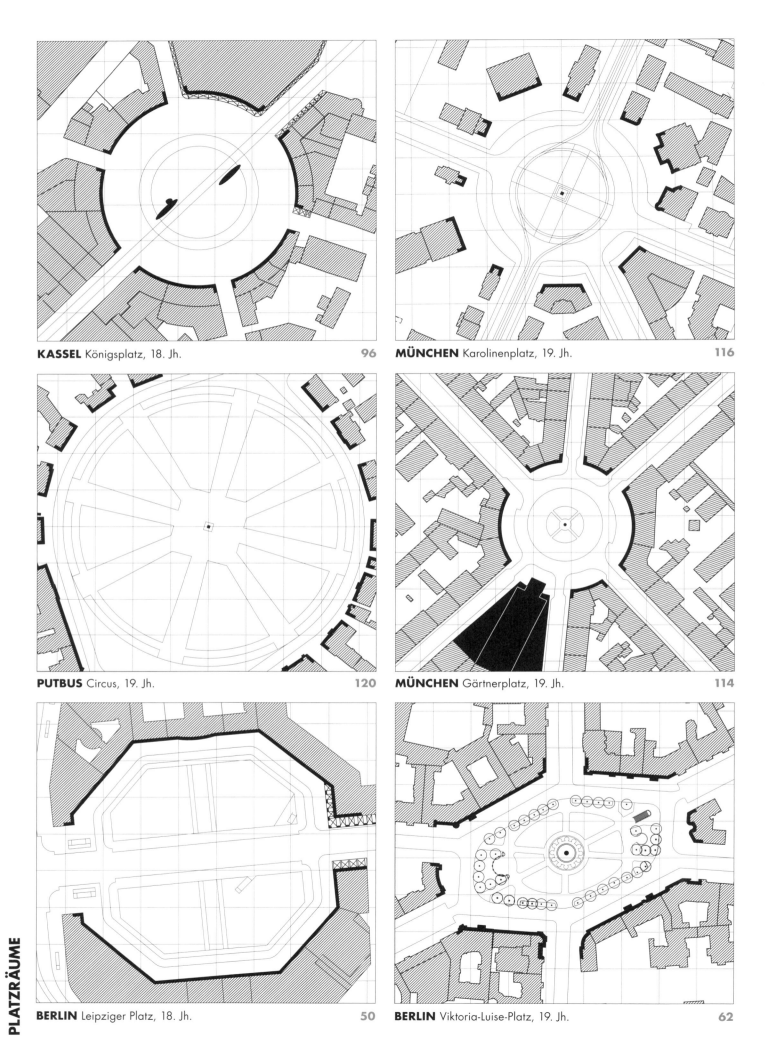

KASSEL Königsplatz, 18. Jh.   96

MÜNCHEN Karolinenplatz, 19. Jh.   116

PUTBUS Circus, 19. Jh.   120

MÜNCHEN Gärtnerplatz, 19. Jh.   114

BERLIN Leipziger Platz, 18. Jh.   50

BERLIN Viktoria-Luise-Platz, 19. Jh.   62

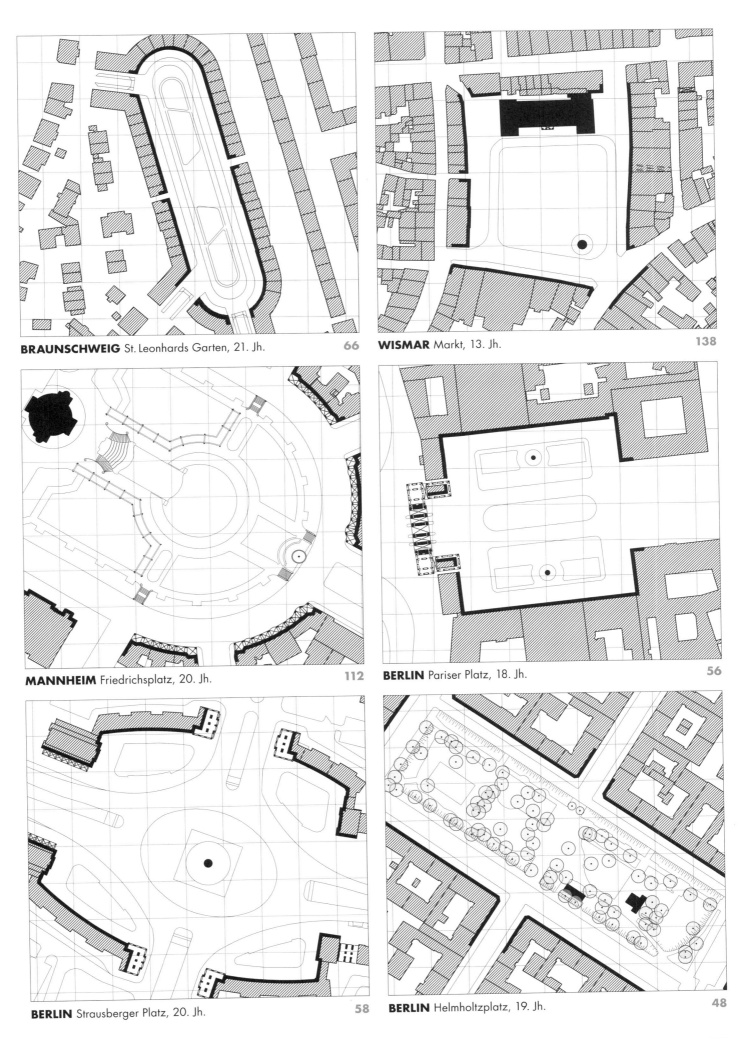

BRAUNSCHWEIG St. Leonhards Garten, 21. Jh.   66

WISMAR Markt, 13. Jh.   138

MANNHEIM Friedrichsplatz, 20. Jh.   112

BERLIN Pariser Platz, 18. Jh.   56

BERLIN Strausberger Platz, 20. Jh.   58

BERLIN Helmholtzplatz, 19. Jh.   48

33

PLATZRÄUME IM VERGLEICH

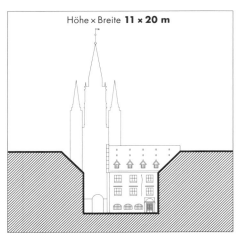

Höhe × Breite **11 × 20 m**

ANSBACH Martin-Luther-Platz, 13. Jh. **44**

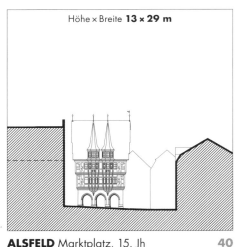

Höhe × Breite **13 × 29 m**

ALSFELD Marktplatz, 15. Jh **40**

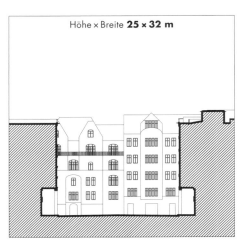

Höhe × Breite **25 × 32 m**

BERLIN Walter-Benjamin-Platz, 20. Jh. **64**

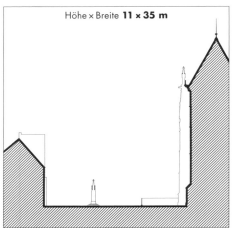

Höhe × Breite **11 × 35 m**

AACHEN Münsterplatz, 8. Jh. **38**

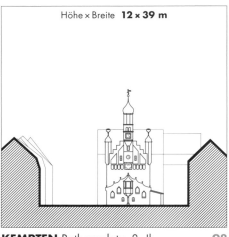

Höhe × Breite **12 × 39 m**

KEMPTEN Rathausplatz, 8. Jh. **98**

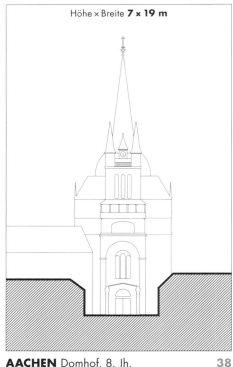

Höhe × Breite **7 × 19 m**

AACHEN Domhof, 8. Jh. **38**

Höhe × Breite **13 × 37 m**

WANGEN Marktplatz, 13. Jh. **132**

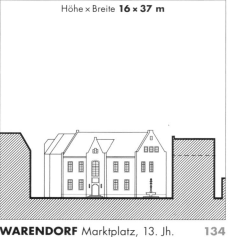

Höhe × Breite **16 × 37 m**

WARENDORF Marktplatz, 13. Jh. **134**

Höhe × Breite **12 × 50 m**

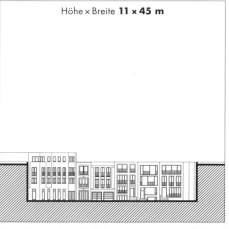

Höhe × Breite **11 × 45 m**

BRAUNSCHWEIG St. Leonhards Garten, 21. Jh. **66**

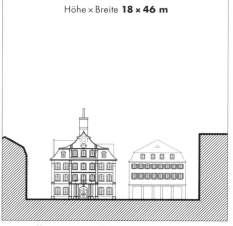

Höhe × Breite **18 × 46 m**

SCHWÄBISCH GMÜND Marktplatz, 12. Jh. **124**

TRIER Hauptmarkt, 10. Jh. **128**

Höhe × Breite **13 × 56 m**

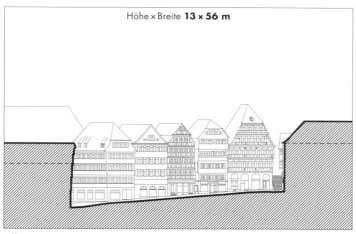

TÜBINGEN Marktplatz, 15. Jh.   130

Höhe × Breite **22 × 56 m**

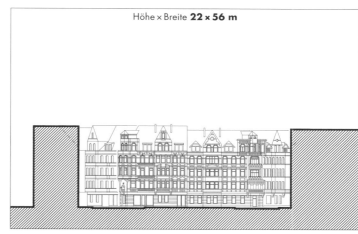

HANNOVER Lichtenbergplatz, 19. Jh.   92

Höhe × Breite **25 × 61 m**

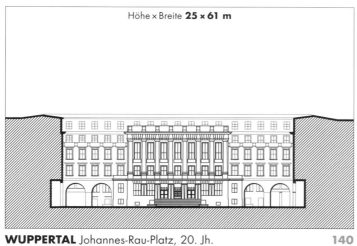

WUPPERTAL Johannes-Rau-Platz, 20. Jh.   140

Höhe × Breite **18 × 65 m**

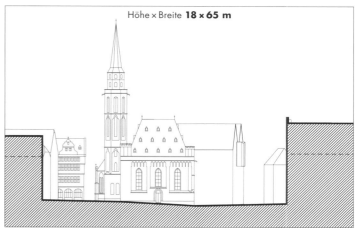

FRANKFURT AM MAIN Römerberg, 13. Jh.   76

Höhe × Breite **24 × 69 m**

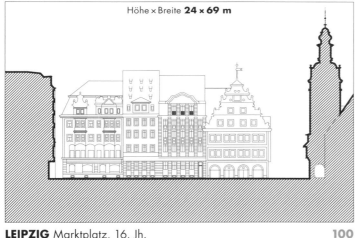

LEIPZIG Marktplatz, 16. Jh.   100

Höhe × Breite **14 × 69 m**

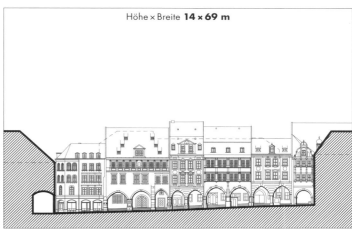

GÖRLITZ Untermarkt, 13. Jh.   84

Höhe × Breite **13 × 83 m**

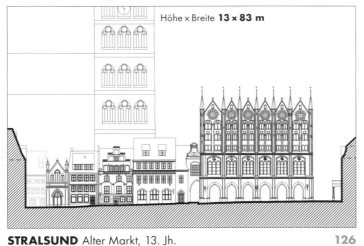

STRALSUND Alter Markt, 13. Jh.   126

Höhe × Breite **19 × 87 m**

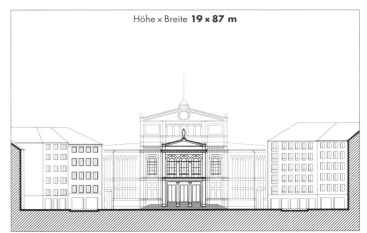

MÜNCHEN Gärtnerplatz, 19. Jh.   114

PLATZRÄUME IM VERGLEICH

Höhe × Breite **7 × 107 m**

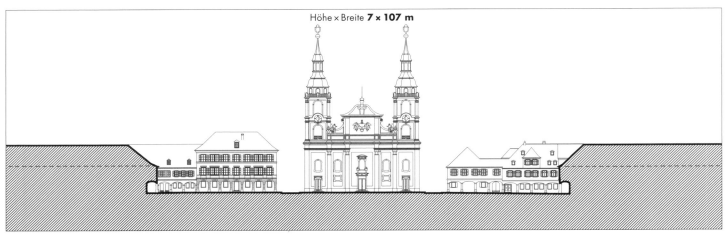

LUDWIGSBURG Marktplatz, 18. Jh.   110

Höhe × Breite **19 × 116 m**

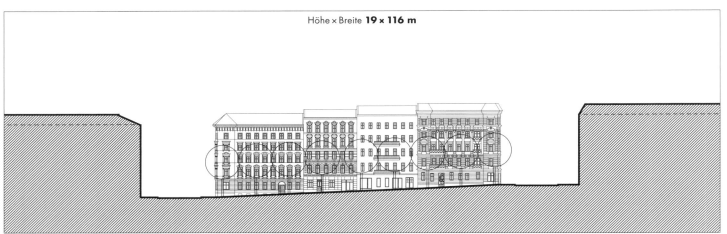

BERLIN Chamissoplatz, 19. Jh.   46

Höhe × Breite **20 × 118 m**

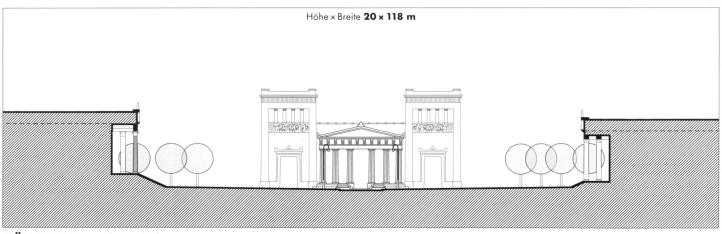

MÜNCHEN Königsplatz, 19. Jh.   118

Höhe × Breite **18 × 120 m**

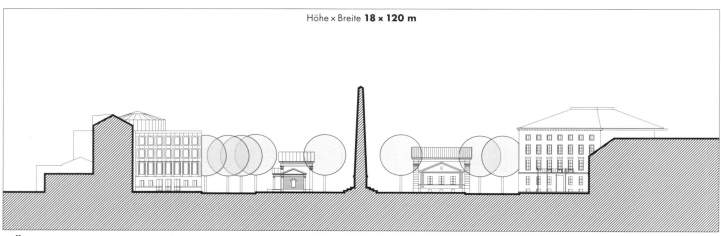

MÜNCHEN Karolinenplatz, 19. Jh.   116

0   5   10   20   30   40   50

Höhe × Breite **22 × 121 m**

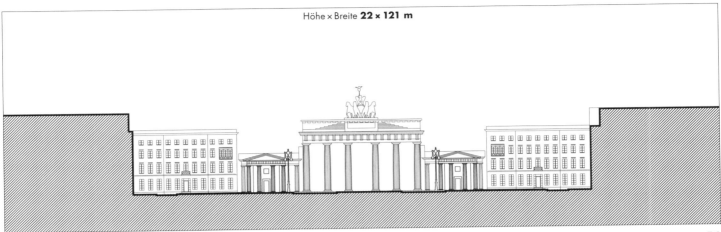

BERLIN Pariser Platz, 18. Jh.   56

Höhe × Breite **29 × 132 m**

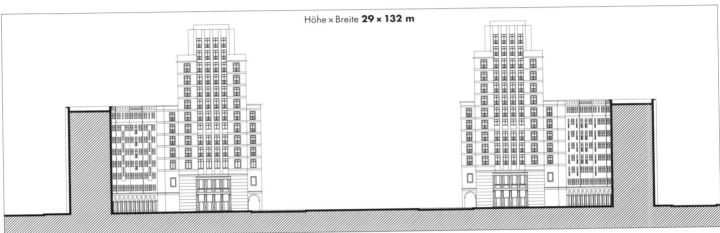

BERLIN Strausberger Platz, 20. Jh.   58

Höhe × Breite **20 × 172 m**

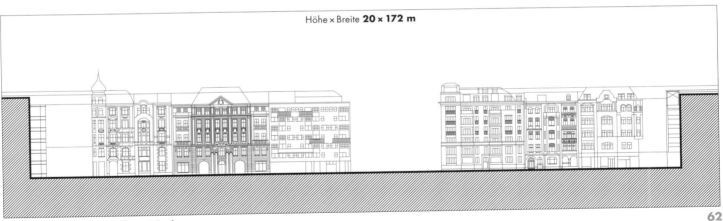

BERLIN Viktoria-Luise-Platz, 19. Jh.   62

Höhe × Breite **24 × 197 m**

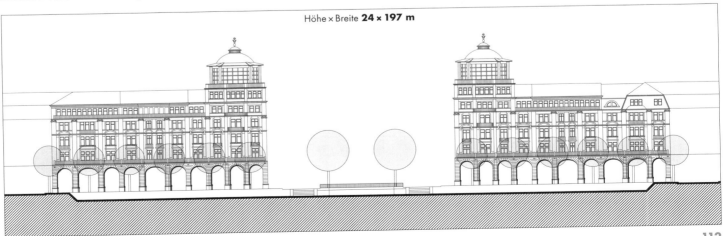

MANNHEIM Friedrichsplatz, 20. Jh.   112

AACHEN
MÜNSTERPLATZ

In Aachen lassen sich rund um den Dom gleich sechs Platzräume studieren. Der berühmteste ist vielleicht der **Katschhof**, der ursprünglich die Pfalzkapelle (Dom) und die Königshalle (Rathaus) Karls des Großen verband. Über die Jahrhunderte baulich verändert und im Zweiten Weltkrieg zerstört, ist diese Verbindung noch heute erfahrbar, auch wenn die den Katschof umgebenden Häuser seiner ursprünglichen Bedeutung wenig gerecht werden. **Einer der spannungsreichsten Plätze Deutschlands aber ist der Aachener Münsterplatz. Sein Raumeindruck wird durch den immensen Höhenunterschied** des Münsterbauwerks mit seinen so unterschiedlichen Bauteilen aus den verschiedenen Jahrhunderten, vor allem aber durch den aufragenden gotischen Chor im Verhältnis zu den kleinteiligen Häusern, die sich um das mächtige Gebäude gruppieren, hervorgerufen. Sehr spannungsreich ist dabei der Eingang in die Krämerstraße hinter dem Chor des Münsters (1), der von einem dreigeschossigen Haus gefasst wird. Wer sich vom Münsterplatz in Richtung Domhof bewegt, erlebt die unterschiedlichsten ineinander übergehenden, in ihrer Schönheit kaum zu überbietenden Stadträume mit spannungsreichen Durchblicken, Engen und Weiten, die einander abwechseln. Der auf den Hauptzugang des Doms ausgerichtete **Domhof** hat eine ruhige, nur zweigeschossige, den Platzraum schließende Einfassung, die dem Domturm durch den immensen Höhenunterschied ein mächtiges Aussehen verleiht (Schnitt).

Auf der gegenüberliegenden Seite am Eingang zum Domhof verjüngt sich der Platz durch zwei sich in die Fläche hineinschiebende, leicht erhöhte Bauwerke (2), wodurch der Raum optisch abgeschlossen wird. Den **Marktplatz** dominiert das Rathaus mit seinen beiden Türmen und dem steilen Schieferdach. Der dreieckige Platz öffnet sich trichterförmig von der Jakobstraße in einer leichten Kurvung mit schmalen viergeschossigen Hausfassaden. Prinzipiell erhöht eine parallel zu den Häusern verlaufende Straßenkante den Reiz einer derartigen Kurvung. Die über den Platz laufende schnurgerade Straßenkante der verlängerten Jakobstraße wirkt daher etwas fremd. **Am Hühnermarkt über den „Hühnerdieb"-Brunnen in die Tiefe des Platzes geschaut, lässt sich beispielhaft studieren, wie die städtebauliche Anordnung von Häusern die verschiedenen Straßeneinführungen im Platzraum verdeutlichen kann. So markiert das leichte Hineinschieben eines Hauses in den dreieckigen Platz (3) den Übergang zur Krämerstraße, die Erhöhung des Kopfbaus (4) bildet den Anfang des Platzraums und das leichte Verdrehen der Häuser am schmalen Ende des Platzes (5) weist dem Betrachter den Weg aus dem Platzraum heraus.**

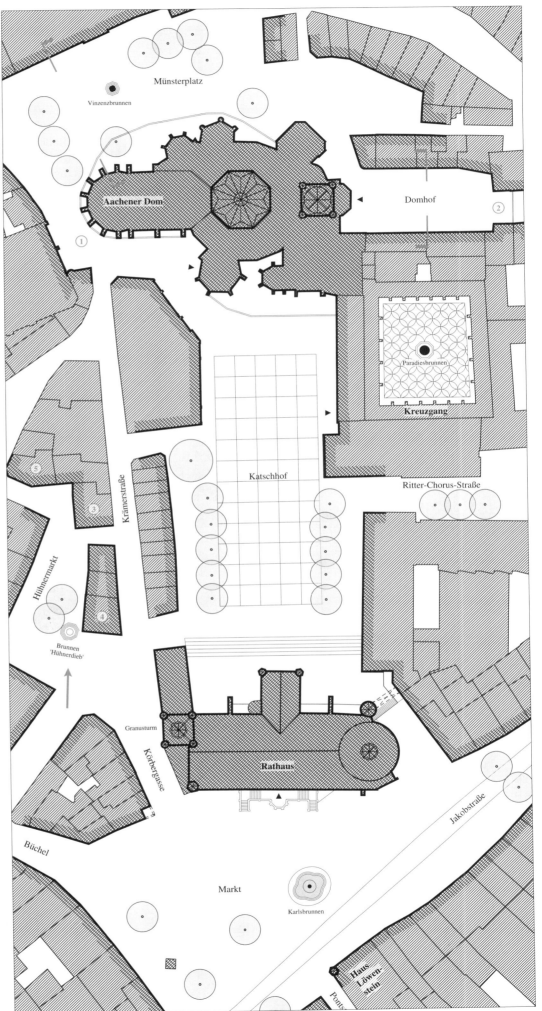

Schnitt und Grundriss M 1 : 1.000

Münsterplatz

Vinzenzbrunnen

Aachener Dom

Domhof

Paradiesbrunnen

Kreuzgang

Katschhof

Ritter-Chorus-Straße

Krämerstraße

Hühnermarkt

Brunnen 'Hühnerdieb'

Granusturm

Körbergasse

Rathaus

Büchel

Jakobstraße

Markt

Karlsbrunnen

Haus Löwenstein

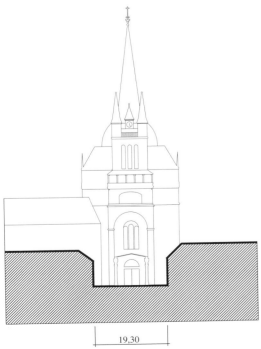

19,30

DOMHOF (2)

ALSFELD
MARKTPLATZ

Wie beim Stadthaus am Martin-Luther-Platz in Ansbach trennt auch in Alsfeld das frei in den Platz gestellte Rathaus den Marktplatz vom Kirchplatz. Es handelt sich hier um einen Solitär, der mit 10 × 12 Meter Grundfläche äußerst klein ist, den Platz aber durch seine kraftvolle Symmetrie beherrscht. Die Symmetrie wird vor allem von zwei das Gebäude dominierenden Erkern mit spitz zulaufenden Turmhelmen geprägt. Diese befinden sich an den Fassaden beider Hausseiten zum Marktplatz wie zum Kirchplatz hin und verdeutlichen die beidseitige Ausrichtung dieses in den städtischen Raum gestellten Hauses.

Obwohl der Platz eine nur kleine Grundfläche hat, ist er durch sechs Straßeneinführungen mit seiner Umgebung verbunden. Das Beispiel zeigt, wie ein Platz dabei aber trotzdem räumlich geschlossen erscheinen kann, wenn die Öffnungen durch die Anordnung der Häuser an diesen Stellen für den Betrachter optisch überlagert werden. Studiert man den Grundriss, so wird deutlich, wie der Platz in der Hauptblickrichtung von der Mainzer Gasse und der Rittergasse aus zum Rathaus trotz der sechs Öffnungen als räumliche Einheit erhalten bleibt. Aber auch von allen anderen Gassen aus, die auf den Marktplatz führen, endet der Blick für den Betrachter auf dem Markt. Man kann nicht über diesen zentralen Platzraum der Stadt hinausschauen.

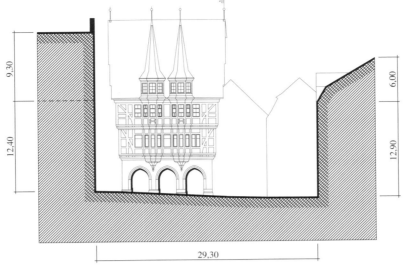

9,30

12,40

6,00

12,90

29,30

Schnitt M 1:500

0 5 10 15 20 25

Grundriss M 1:1.000

0 5 10 20 30 40 50

Schnepfenhain

Schaufußgasse

Obergasse

Rittergasse

Mainzer Gasse

Baugasse

Marktplatz

Weinhaus

Rathaus

Walpurgiskirche

Kirchplatz

Kaplaneigasse

Beinhaus

Pfarrgasse

Obere Fulder Gasse

Am Kreuz

ARKADEN
Höhe × Breite 5,50 × 8,20 Meter

ALSFELD
MARKTPLATZ

Das Alsfelder Rathaus steht auf einem mächtigen steinernen Sockel, der sich als offener Raum in den Platz hinein öffnet. **Das Beispiel zeigt, wie sich Bauwerke, die sich im Erdgeschoss mit Arkaden oder ähnlichen Bauteilen öffnen, als öffentliche Gebäude am Platz wahrgenommen werden.** Um als Raum erfahrbar zu sein, dürfen die Wandöffnungen nicht zu groß sein. Statt einer „Aufständerung" benötigt seine Umfassung Pfeiler und Wände. Zugleich muss auch der Abschluss zur Decke als räumlich erfahrbarer Sturz ausgebildet sein (siehe Foto).

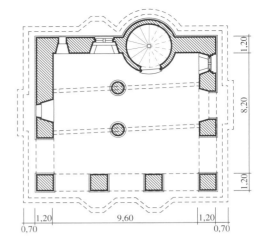

Grundriss M 1:250

Ansicht, Schnitt und Grundriss M 1:100

5,50
1,80
3,70

1,20   2,40   1,20   2,40   1,20   2,40   1,20

12,00

43

ANSBACH
MARTIN-LUTHER-PLATZ

Zwischen zwei öffentlichen Großbauten, den Kirchen St. Gumbert und St. Johannis, spannt sich der Martin-Luther-Platz auf. Genauer betrachtet sind es die Türme der beiden Bauwerke, die den lang gestreckten Platzraum für das Auge an seinen Enden begrenzen. Ähnlich der städtebaulichen Situation in der italienischen Stadt Vigevano scheint der Turm von St. Gumbert (1) aus der Achse des Kirchenschiffs herausgedreht, um den Eingang in das Sichtfeld des Martin-Luther-Platzes zu rücken. Der Platz selbst ist von drei- bis viergeschossigen Wohn- und Geschäftshäusern umstanden. Auf der Nordseite finden sich überwiegend traufständige Häuser, während die gegenüberliegende Fassadenfront von einer Art zwerchgiebliger Häuser geprägt ist (siehe Fotos). Obwohl alle Gebäude eine ähnliche Breite haben, könnte der Charakter der sich gegenüberliegenden Platzfassaden nicht unterschiedlicher sein und zeigt, wie viel Einfluss die Hausfassade im Städtebau auf das Bild des öffentlichen Raums hat: Während das traufständige Haus den Raum nur zu begrenzen scheint, betont der giebelständige Haustypus die Eigenständigkeit eines jeden Hauses, die durch die Vertikalität der Fassade geprägt wird. Die Platzfassade des Hauses nimmt in der typologischen Reihung teil am Gemeinwesen des Stadtplatzes. **Eine städtebauliche Besonderheit ist die Lage des Stadthauses. Am östlichen Ende des Martin-Luther-Platzes als Solitär frei in den Stadtgrundriss gestellt, trennt dieses Gebäude den Johann-Sebastian-Bach-Platz, den Montgelasplatz und den Martin-Luther-Platz und entwickelt damit drei eigenständige Stadträume.**

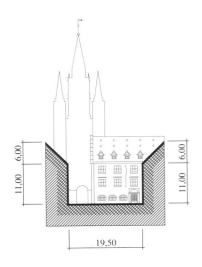

HÄUSER MIT ZWERCHGIEBEL

TRAUFSTÄNDIGE HÄUSER

Schnitt und Grundriss M 1:1.000

St. Gumbertus

Johann-Sebastian-Bach-Platz

Montgelasplatz

Stadthaus

Markgraf-
Georg-
Brunnen

Rathaus

Uzstraße

Pfarrstraße

Martin-Luther-Platz

Schaitbergerstraße

St. Johannis

45

BERLIN CHAMISSOPLATZ

Der Chamissoplatz in Berlin ist einer jener Plätze, die Camillo Sitte Ende des 19. Jahrhunderts dazu veranlassten, sein Buch „Der Städtebau nach seinen künstlerischen Grundsätzen" zu schreiben. Die Rechtwinkligkeit des Platzes, die nahezu einheitliche Fassadengestalt, vor allem aber die mangelhafte Geschlossenheit an den vier Ecken durch fast 20 Meter breite Straßen verliehen dem Chamissoplatz in seiner Entstehungszeit mit Sicherheit ein besonders tristes Aussehen. **Die Fassung des an den vier Ecken aufgerissenen Raums wird erst durch ein Dach hochgewachsener Baumkronen hergestellt.**

Städte wie Dortmund sowie vor allem aber Bochum, denen seit dem Wiederaufbau nach dem Zweiten Weltkrieg an vielen Stellen die stadträumliche Fassung verloren ging, können diesen Verlust heute durch mächtige Platanen ausgleichen. Derartige Baumdächer sind als städtebauliches Gestaltungsmittel überall dort einsetzbar, wo ein in sich geschlossener Stadtraum durch die ihn einfassenden Hausfassaden nicht zu erreichen ist. Am Berliner Chamissoplatz ordnen sich die Häuser mit ihrer Fassadenarchitektur dem Gesamtbauwerk Platz unter, dabei behält aber jedes einzelne für sich seinen individuellen Charakter. Als öffentlicher Kinderspielplatz kann dieser Platz heute als Beispiel eines gelungenen Quartierszentrums gesehen werden.

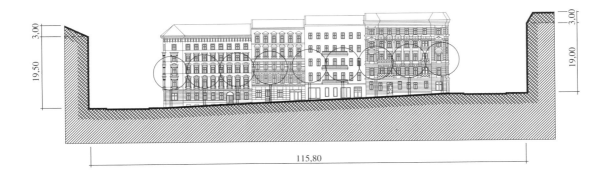

3,00
19,50
3,00
19,00
115,80

Schnitt und Grundriss M 1:1.000   0 5 10   20   30   40   50

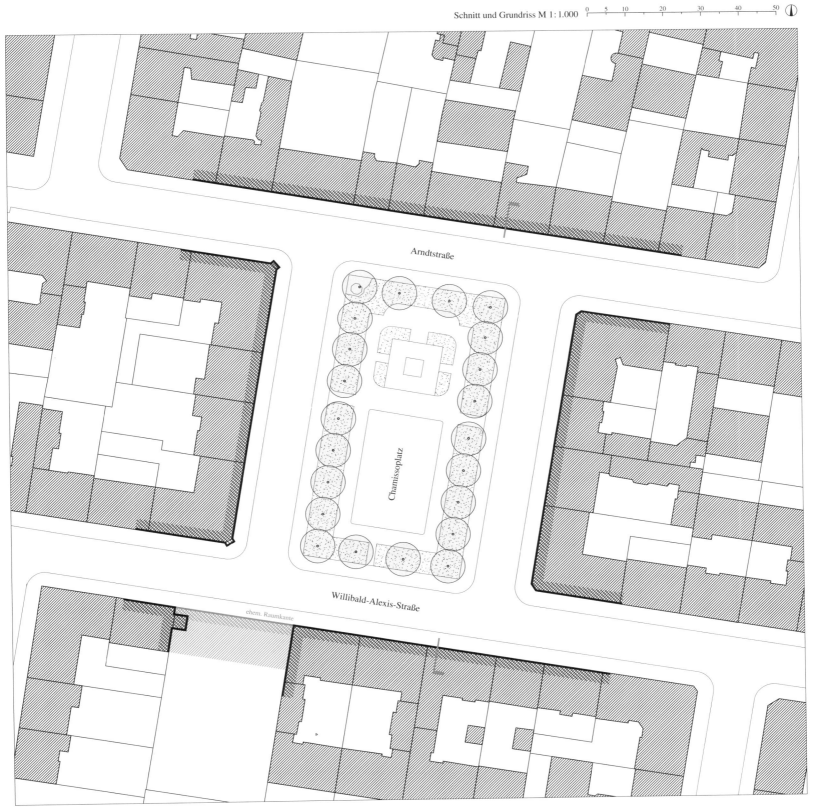

Arndtstraße

Chamissoplatz

Willibald-Alexis-Straße

ehem. Raumkante

BERLIN HELMHOLTZPLATZ

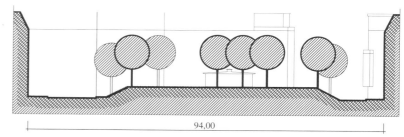

94,00

In einem dicht bebauten Viertel in Prenzlauer Berg befindet sich der Helmholtzplatz. Er steht beispielhaft für einen Quartiersplatz, der aufgrund seiner Größe, aber auch seiner Besonderheit als Erholungsfläche, Bürgertreff, Kinderspielplatz und Park zugleich genutzt wird. Mit seinem üppigen Baumbewuchs ist er zudem die grüne Lunge des Quartiers. **Das Besondere dieses Beispiels ist, dass der Park gegenüber den ihn umgebenden Straßen um etwa drei Meter angehoben ist. So ist ein in sich abgeschlossener öffentlicher Ruhebereich entstanden, in dem Störungen der städtischen Umgebung nicht mehr** wahrgenommen werden. Das Anheben ersetzt das Anlegen einer sehr viel größeren städtischen Fläche, die notwendig wäre, um eine in sich homogene Parklandschaft mit derartigen Qualitäten, wie sie an diesem Platz zu finden sind, entwickeln zu können. Die hochliegende Parkebene wird nicht ausschließlich über Treppen erschlossen, sondern auch über leicht geneigte Parkwege.

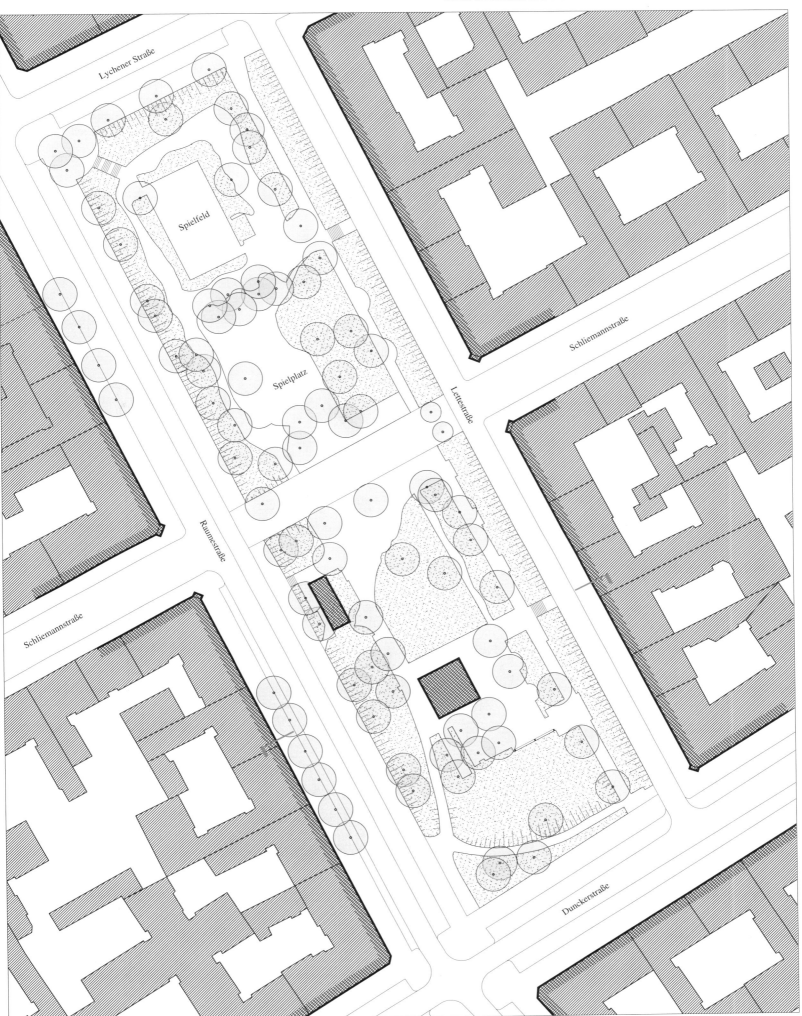

Lychener Straße

Spielfeld

Spielplatz

Schliemannstraße

Lettestraße

Raumestraße

Schliemannstraße

Dunckerstraße

BERLIN
LEIPZIGER PLATZ

Die Gesamtanlage besteht aus einer zweiseitigen Bebauung, die in ihrem Inneren am Leipziger Platz von zehngeschossigen Häusern gebildet wird und damit der Dimension des fast 170 Meter tiefen oktogonalen Platzes entspricht, während sich die rückwärtige Bebauung mit weniger Geschossen in ihrer Höhe auf die den Platz umgebenden Straßen bezieht. **Das Beispiel zeigt, wie großstädtische Plätze mit Wohn-, Geschäfts- und Verwaltungsbauten gemischt genutzt organisiert sein können. Die Erdgeschosse beherbergen Läden und Restaurants, die den öffentlichen Raum beleben.** In den oberen Etagen über den Bürogeschossen sind die Wohnungen der Häuser untergebracht. Die Mischnutzung findet sich damit auf jeder einzelnen Parzelle, und dies spiegelt sich auch in der Lebendigkeit des Platzes wider. Großzügig angelegt sind die Grünflächen. Ein stringenterer, weniger landschaftlich konzipierter Entwurf dieser Flächen mit geordneten Baumalleen und gepflegten Rabatten, der die oktogonale Form aufgreifen und stärken würde, könnte den großstädtisch angelegten Platz in seiner klaren städtebaulichen Form stärken und damit verschönern.

Lageplan M 1 : 5.000

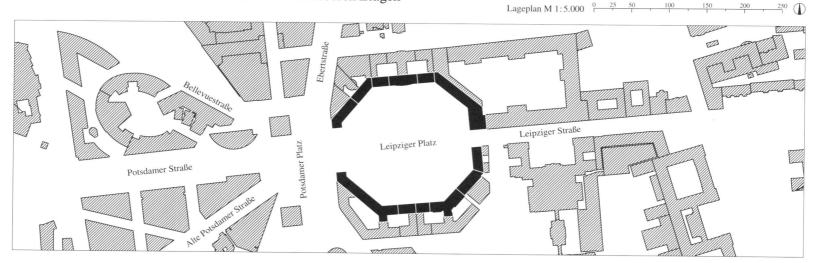

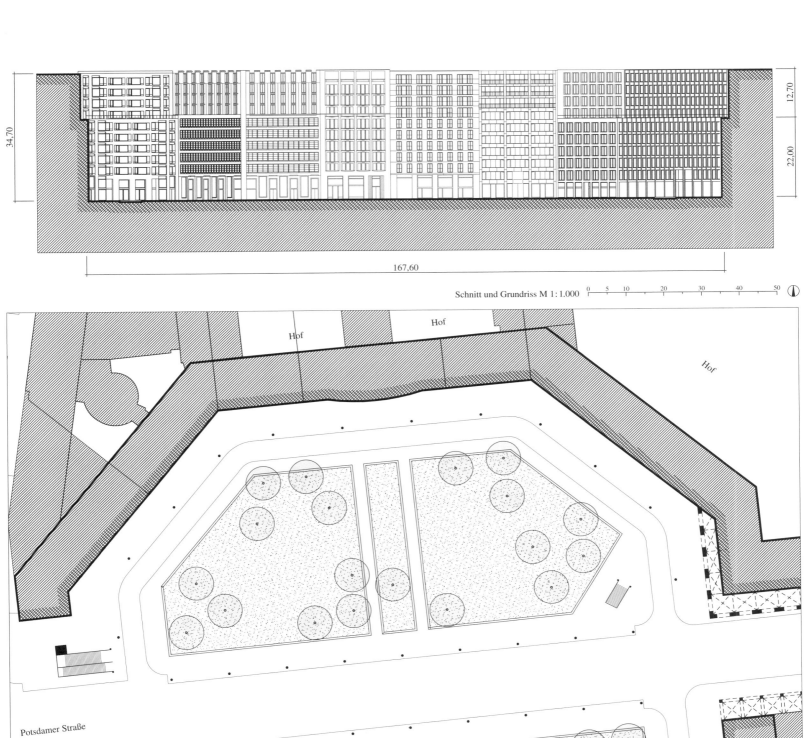

34,70

12,70

22,00

167,60

Schnitt und Grundriss M 1:1.000   0 5 10   20   30   40   50

Hof

Hof

Hof

Potsdamer Straße

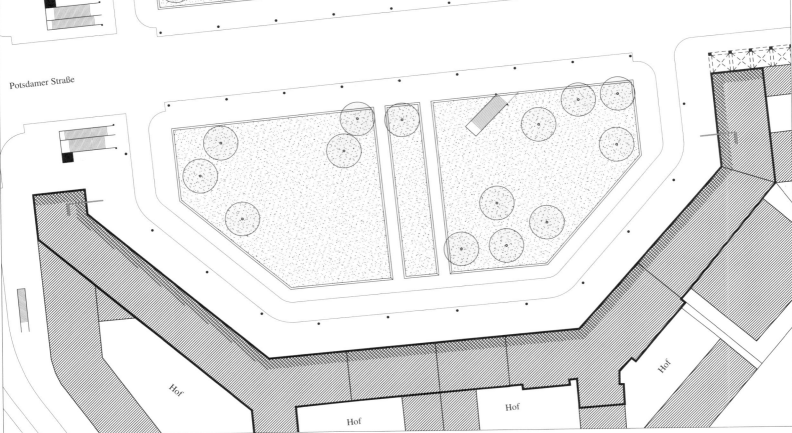

Hof

Hof

Hof

Hof

BERLIN
MUSEUMSINSEL

Die Kolonnaden auf der Museumsinsel in Berlin demonstrieren exemplarisch, wie städtische Räume auch dort abgeschlossen und geordnet werden können, wo geschlossene Fassaden oder Mauern unangemessen erscheinen, weil sie eine komplette, auch optische Trennung hervorrufen würden. Das Beispiel zeigt, wie der Zugang der Alten Nationalgalerie zu einem Parkraum eingefasst wird, ohne dass dadurch die funktionale oder auch nur die optische Durchlässigkeit behindert würde. Gleichzeitig wird die Bodestraße mit dem Kolonnadenbauwerk zu einem eigenen Raum entwickelt.

Welch wichtige Rolle Farbe im Städtebau einnimmt, ist in der Luftaufnahme zu sehen. Der richtige Gedanke der baulichen Ergänzung der Kolonnaden auf der Museumsinsel wird durch ein Sich-Absetzen in der Farbwahl des Materials gestört. Auf der folgenden Seite ist näher beschrieben, dass Kolonnaden auch in ihrem Inneren architektonisch sorgsam entwickelt werden müssen, wenn sie ihrerseits als städtischer Aufenthaltsraum erfahrbar werden sollen. Wie in den Beispielen Strausberger Platz (siehe Seite 58) oder Walter-Benjamin-Platz (siehe Seite 64) zu sehen, spielt die Ausgestaltung der Decke, Säulen und Pfeiler, ihr Volumen und ihre Stellung zueinander, eine erhebliche Rolle. Kolonnaden und Arkaden werden erst dann zum Raum, wenn sie mit architektonischer Sorgfalt geplant sind.

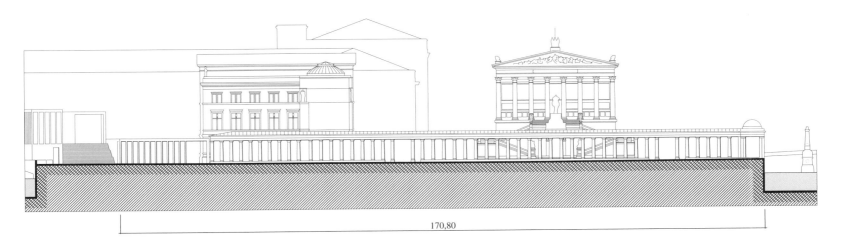

170,80

Schnitt und Grundriss M 1 : 1.000   0 5 10   20   30   40   50

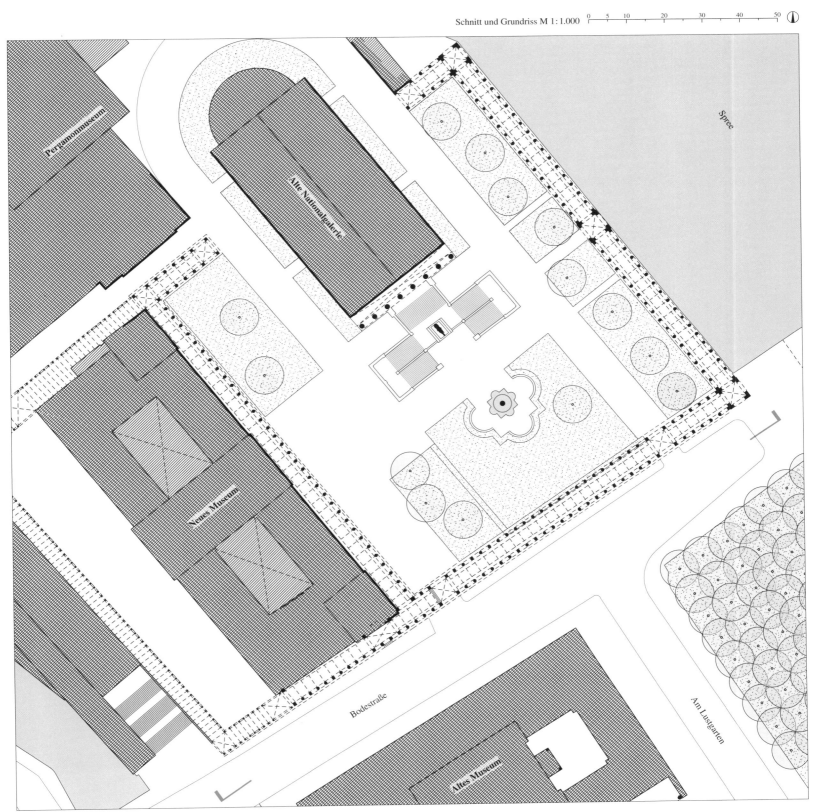

Spree

Pergamonmuseum

Alte Nationalgalerie

Neues Museum

Bodestraße

Altes Museum

Am Lustgarten

KOLONNADEN
Höhe × Breite 6,20 × 4,40 Meter

BERLIN
MUSEUMSINSEL

Die Säulen werden durch ihr enges Achsmaß zu seitlich begrenzenden Wänden. Dreht man sich zur Seite, schaut man in die Bodestraße oder in den Park der Alten Nationalgalerie und damit in zwei sehr unterschiedliche Welten der Museumsinsel. **Am Ende begrenzen vier vor die Säulenflucht tretende Pfeiler den Raum. Unter der Decke erhält er jeweils einen seitlichen Abschluss, der von den Säulenköpfen getragen wird und ihn nach oben hin fasst.** Die Decke ist strukturiert und gewinnt dadurch eine große Tiefe. Wichtig für das Raumempfinden ist, dass der Boden zwei Stufen über dem Straßenniveau liegt.

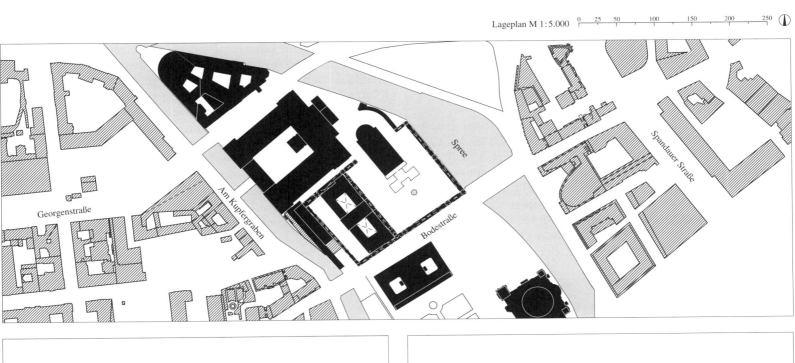

Lageplan M 1:5.000

Georgenstraße

Am Kupfergraben

Spree

Bodestraße

Spandauer Straße

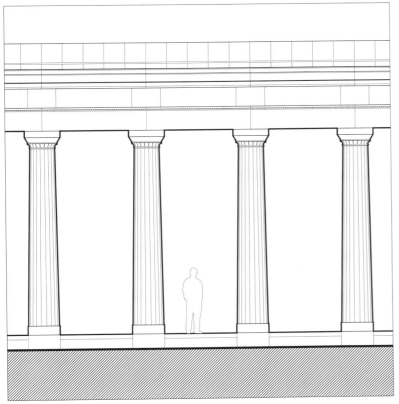

0,60

6,20

5,60

4,40

Ansicht, Schnitt und Grundriss M 1:100

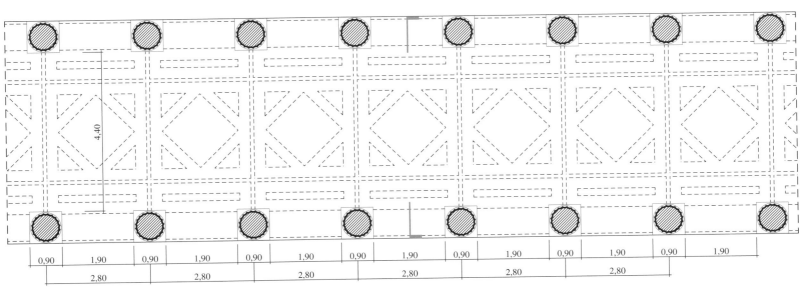

4,40

0,90 1,90 0,90 1,90 0,90 1,90 0,90 1,90 0,90 1,90 0,90 1,90 0,90 1,90

2,80   2,80   2,80   2,80   2,80   2,80

BERLIN
PARISER PLATZ

Der im späten 18. Jahrhundert angelegte und 2005 neu errichtete Pariser Platz bildet den Abschluss der Prachtstraße Unter den Linden zwischen Stadtschloss und Tiergarten und setzt mit dem Brandenburger Tor einen städtebaulichen Akzent zwischen kompakter Stadt und Landschaft. Das unzerstörte, durch zwei Flügelbauten gerahmte Tor wird mit den wiedererrichteten Häusern Liebermann und Sommer in die Randbebauung des Pariser Platzes integriert. **Vorbildlich für den Entwurf eines öffentlichen repräsentativen Platzes ist die städtebauliche Festlegung der Fassadengestalt der den Platz einfassenden** Häuser durch eine Gestaltungssatzung. Der festgesetzte Lochanteil der Fenster in den Platzfassaden sowie deren Höhe und die einheitliche Farbgebung mit einem hellbeigefarbenen Stein lassen die Platzwände bei aller architektonischen Unterschiedlichkeit der Häuser zu einheitlichen Umfassungswänden des Platzraums werden. **Es ist vor allem das durchgängige Beige der Platzfassaden, das den städtischen Raum für das Auge als Einheit erscheinen lässt und aus der Einzelgestalt der Häuser ein großstädtisches Platzbauwerk mit einer eigenen Identität macht.** Beispielhaft ist auch die klare Zäsur zwischen Stadtraum und Landschaft, die durch einen Torbau hervorgehoben wird und als städtebauliches Prinzip in unsere Zeit übertragbar ist. Raumkanten wie diese finden sich noch im Siedlungsbau der 1920er Jahre (zum Beispiel Römerstadt Ernst May, Stadträume).

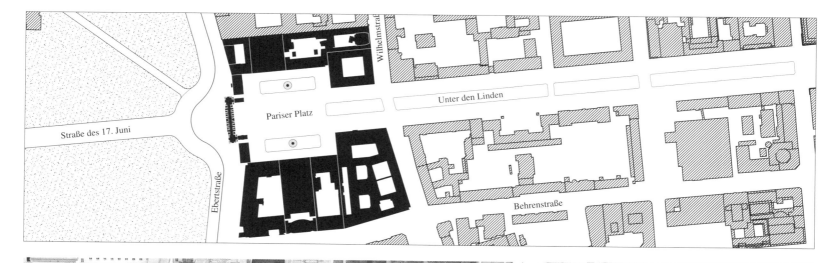

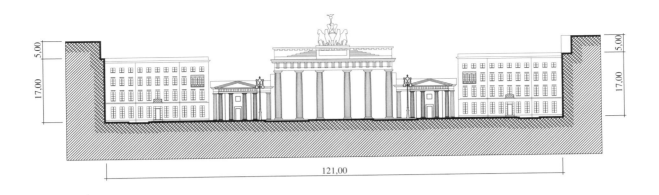

5.00
17.00
121,00
5.00
17.00

Lageplan M 1:5.000   0 25 50   100   150   200   250

Schnitt und Grundriss M 1:1.000   0 5 10   20   30   40   50

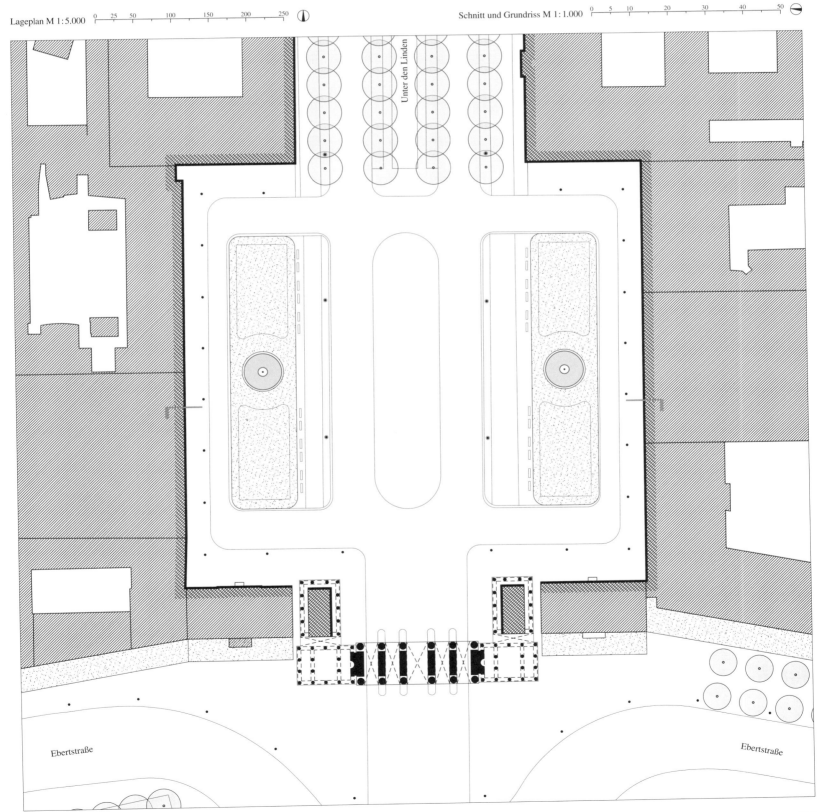

Unter den Linden

Ebertstraße

Ebertstraße

57

BERLIN
STRAUSBERGER PLATZ

Der von Hermann Henselmann in den 1950er Jahren in Ost-Berlin angelegte Strausberger Platz hat eine Länge von etwa 180 Metern und entspricht damit in seiner Größe dem Ernst-Reuter-Platz, der zur gleichen Zeit im damaligen West-Berlin entstand. Verkehrstechnisch entsprechen beide Kreisverkehre weitgehend noch immer den heutigen Ansprüchen des Straßenbaus für den Individualverkehr. **Städtebaulich aber stellt der Strausberger Platz ein herausragendes Beispiel für die Möglichkeit einer stadträumlichen Fassung großer Verkehrsknoten im städtischen Raum dar. An den vier 40 bis 60 Meter** breiten Straßeneinführungen ist der Platz von torartig gesetzten Hochhäusern gefasst, die den städtischen Raum durch ihre Höhe und das enge Heransetzen an die Straßen schließen. Stehen sie nahe der Straße, wird der Gehsteig durch offene Arkadenräume ergänzt. **Die symmetrische Gestaltung der Häuser sowie vor allem die Einheitlichkeit der Farbgebung in den Fassaden mit dem beigefarbenen Naturstein verstärken den gesamtheitlichen Raumeindruck des Platzes.** Die mittig auf das Verkehrsbauwerk gesetzte, 18 Meter hohe Wasserfontäne vermag den Platz nur wenig zu zentrieren und das witterungsbedingt auch nur im Sommer. Als dominante städtebauliche Mitte ist bei derartigen Platzgrößen ein Bauwerk wie etwa der 29 Meter hohe Obelisk auf dem Münchner Karolinenplatz (siehe Seite 116) weitaus besser geeignet.

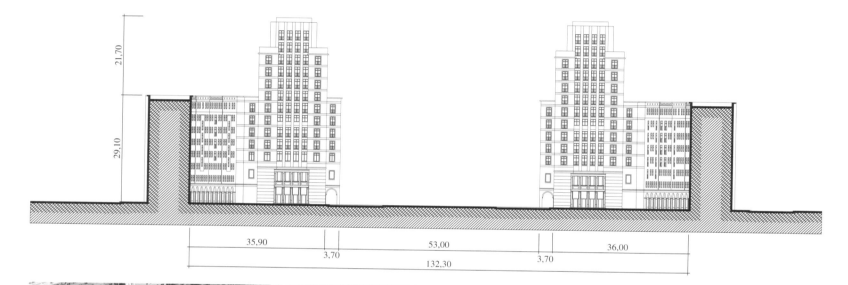

0 5 10   20   30   40   50

Neue Blumenstraße

Karl-Marx-Allee

Weydemeyerstraße

Lichtenberger Straße

Lichtenberger Straße

Karl-Marx-
Denkmal

Neue Weberstraße

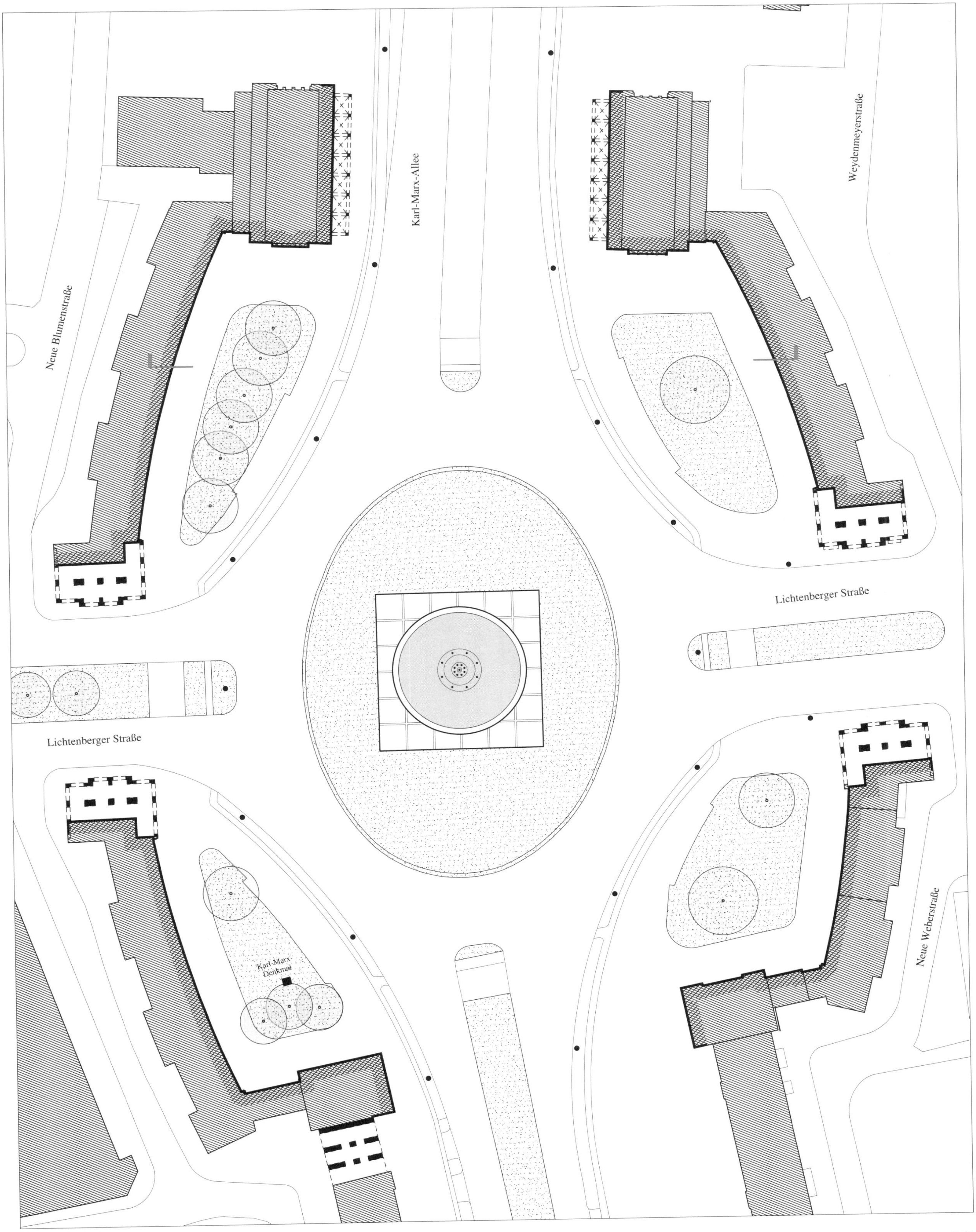

BERLIN
STRAUSBERGER PLATZ

Die mit einem eigenen Steinmaterial gearbeiteten Arkaden im Sockelgeschoss der Türme sind mit einer Raumhöhe von 4,40 × 3,15 Meter Breite gut proportioniert. Sie erweitern die Gehsteigflächen am Straßenrand in den gegenüberliegenden Ecktürmen, die an den Straßeneinführungen eng zusammengeschoben werden, um den Platzraum zu schließen. Zugleich sind die Arkaden als architektonische Räume mit Pfeilern, Lisenen und Deckenstuckaturen gestaltet und ergänzen die Gesamtfassade der Torhäuser an den Straßenrändern mit einem Gebäudesockel. **Die Maße der Stützweiten in Bezug zur Raumhöhe**

verleihen dem Arkadenraum eine angenehme Offenheit, die an diesem Beispiel zudem verdeutlicht, dass die Anordnung von Läden nicht in jedem Fall von entscheidender Bedeutung für die Funktionsfähigkeit von Arkadenräumen ist. In der symmetrischen Ausbildung beiderseites der Straßen sind diese Architekturelemente ausschließlich aus städtebaulichen Gründen eingesetzt und markieren als Teil der Torhäuser auf überzeugende Weise die Einfahrt dieses Verkehrsplatzes.

Ansicht, Schnitt und Grundriss M 1:100

4,40
4,20
3,15

2,72   1,78   2,72   1,78   2,72   1,78
4,50   4,50   4,50

3,15

61

BERLIN
VIKTORIA-LUISE-PLATZ

Der Platz wird von sechs Straßen erschlossen, die eine Öffnungsbreite von jeweils 25 Metern haben und die Geschlossenheit des Raumgefüges zunächst zu beeinträchtigen scheinen. Aufgefangen wird dies durch hochstämmige Laubbäume, die einen geschlossenen Ring um die Innenfläche des Platzes legen (siehe auch Berlin Chamissoplatz). Diese Innenfläche ist mit geschnittenen Hecken eingefasst und kunstvoll gestaltet. Die Einfassung trennt den Grünbereich von der ihn umgebenden Straße; damit und durch seine besondere Größe wird dieser als Schmuckplatz zu einem Ort der Ruhe und der Erholung. **Besonders aufschlussreich** ist in diesem Beispiel der Vergleich der neuen und der alten Platzfassaden. Während die alten Häuser mit großen Erkern, Loggien und Balkonen auf die Schönheit des Schmuckplatzes reagieren, als solle diese Schönheit durch die Sonderbauteile in den Platzfassaden eingefangen werden (1/2), lässt sich an den modernen Häusern das Unvermögen heutiger Architektur ablesen, Erker und Loggien überhaupt einzusetzen oder mit dem Typus des Eckhauses umzugehen. So wurde die Chance vertan, die Besonderheit des Eckgrundstücks für den Bau städtebaulich reizvoller Eckhäuser mit den im Immobilienmarkt so begehrten Eckwohnungen zu nutzen. Der so entstandene Flächenmangel musste durch ein zusätzliches Geschoss mit niedriger Höhe kompensiert werden, was wiederum zu Platzfassaden geführt hat, die jede Großzügigkeit und Schönheit im öffentlichen Raum vermissen lassen (3/4/5).

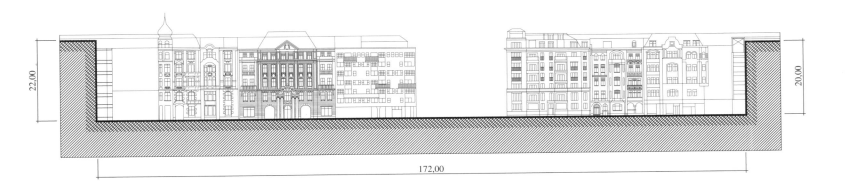

22,00

20,00

172,00

Schnitt und Grundriss M 1:1.000

0 5 10 20 30 40 50

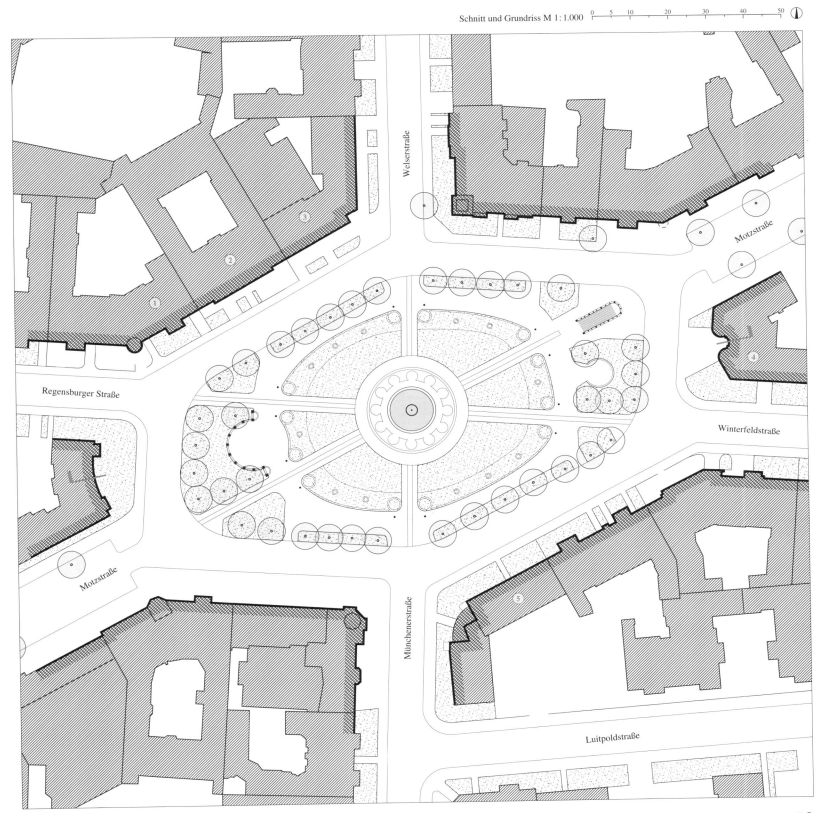

Welserstraße

Motzstraße

Regensburger Straße

Winterfeldstraße

Motzstraße

Münchenerstraße

Luitpoldstraße

63

BERLIN
WALTER-BENJAMIN-PLATZ

Der von Hans Kollhoff angelegte Platz entspricht in seiner Größe in etwa dem Katschhof in Aachen. Die den Platz einfassenden Raumwände werden beidseitig von einem sieben Meter hohen, durchlaufenden Kolonnadensockel getragen, der den Charakter des Platzes prägt. **Beispielhaft ist die Gestaltung der Kolonnaden, die als architektonisch-städtische Räume entwickelt und entworfen sind. Tief liegende Deckenspiegel, in deren Mitte eine großstädtische Pendelleuchte abgehängt ist, klassische Säulen, die an den Ecken des Außengangs zu Pfeilern werden, Lisenen, die das Deckengebälk** aufnehmen, Eingänge und Schaufenster mit verzierten Holzrahmen und ein fein geschmückter Bodenbelag aus unterschiedlichen Natursteinen gestalten das Bild dieser Kolonnaden. Sie sind überzeugendes Beispiel für einen sorgsam durchdachten Umgang mit der Architektur von Erdgeschosszonen eines städtischen Wohn- und Geschäftshauses. Die Anmutung des Materials, seine Fügung und Oberflächenbeschaffenheit, vor allem aber die sorgfältige Ausarbeitung des architektonischen Details sind die Grundlage von Schönheit und Dauerhaftigkeit im öffentlichen Raum der Stadt.

S. 34

Leibnizstraße

Walter-Benjamin-Platz

Wielandstraße

Grundriss M 1 : 1.000 | 0 5 10 20 30 40 50

0,50

7,10 6,60

3,00

Ansicht, Schnitt und Grundriss M 1 : 100 | 0 1 2 3 4 5

3,00

3,13 | 0,80 | 3,20 | 0,80 | 3,20

4,00 | 4,00 | 4,00

BRAUNSCHWEIG ST. LEONHARDS GARTEN

Das von Klaus Theo Brenner entwickelte Konzept der städtebaulichen Anlage wurde auf dem Gelände eines ehemaligen Straßenbahndepots realisiert. Der fast 200 Meter lange Platz mit den ihn einfassenden drei- bis viergeschossigen Häusern zeigt, dass derartige Dimensionen im Städtebau auch heute, zu Beginn des 21. Jahrhunderts, handhabbar sind. **Beispielhaft ist neben der städtebaulichen Gesamtkonzeption die Gestaltung der Fassaden. Alle Häuser haben eine Vorder- und eine Rückseite, die sich in der Materialität ihrer Fassaden voneinander unterscheiden. So weisen sie zum öffentlichen Raum hin** eine Platzfassade aus rotem Ziegelstein auf, während ihre Rückseite verputzt ist. Die Platzfassade hat zudem keine Balkone und Staffelgeschosse, sondern verfügt lediglich über Loggien. Grundlage dieser städtebaulichen Vorgaben bildete eine Gestaltungssatzung; einer Gestaltungskommission wurde jeder einzelne Haus-Entwurf vorgelegt. Der Platz hat mit diesen Vorgaben eine eigene Identität erhalten, die auch dadurch nicht gestört wird, dass sich bei dem einen oder anderen Haus über die Vorgaben hinweggesetzt wurde. Der die Straße begleitende junge Baumbewuchs wird dieses Bild des geschlossenen Raums zukünftig wohltuend ergänzen.

13,00 10,50 10,50

44,50

Lageplan M 1:5.000   0 25 50 100 150 200 250

Schnitt und Grundriss M 1:1.000   0 5 10 20 30 40 50

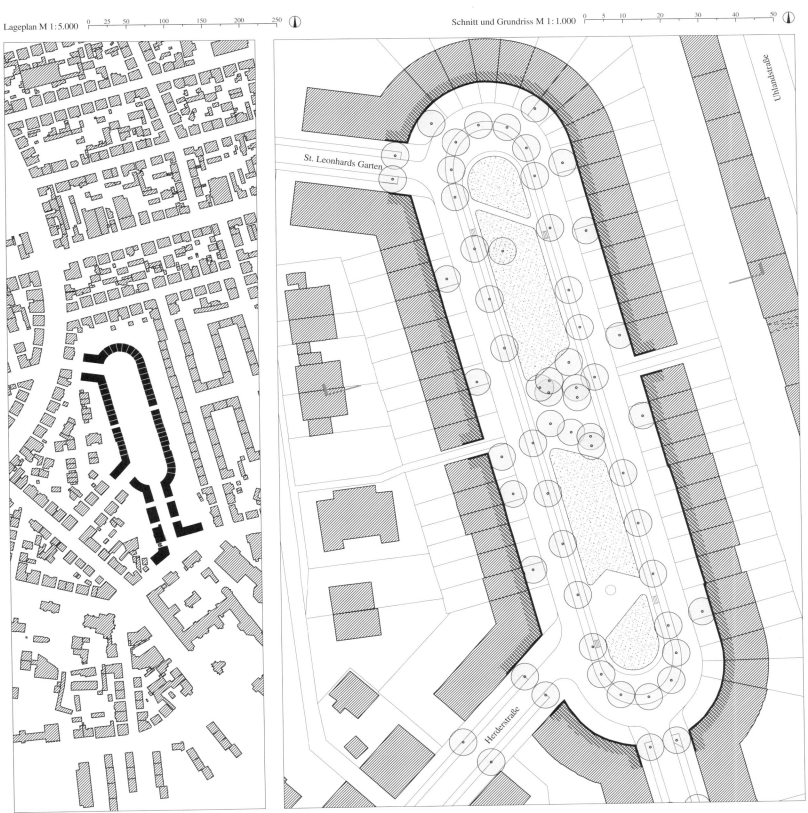

St. Leonhards Garten

Uhlandstraße

Herderstraße

BREMEN MARKTPLATZ

Der Bremer Marktplatz ist bis auf wenige Bürgerhäuser im Wesentlichen an drei Seiten von Solitärbauten eingefasst, die den Raum mit ihren Platzfassaden dominieren. Alle Gebäude wurden nach 1945 saniert, rekonstruiert oder, wie im Fall der Bremischen Bürgerschaft von Wassili Luckhardt, neu errichtet. **Das Besondere des Bremer Marktes ist, dass er über keinen geschlossenen Platzraum verfügt.** Ähnlich wie in Alsfeld steht das Rathaus als Solitär am Platz und ist mit beiden Kopfseiten zu zwei weiteren Plätzen orientiert, dem Grasmarkt und dem Liebfrauenkirchhof, die sich im Norden und

Osten an den Marktplatz anschließen. Trotz offener Raumkanten und Öffnungen von mehr als 20 Metern wirkt der Platzraum geschlossen, weil der Blick am Rathaus vorbei von den Fassaden des St. Petri Doms am Grasmarkt und der Kirche Unser Lieben Frauen am Kirchhof aufgefangen wird. Die gleiche Situation findet sich neben dem Gebäude der Bremischen Bürgerschaft, hier wird der Blick vom Eckturm der Bremer Baumwollbörse aufgefangen. **Das Prinzip einer Raumbildung in offener Bauweise hebt die einzelnen Bauten besonders hervor, was bedeutet, dass die Platzfassaden architektonisch von höchster Qualität und in ihrer Materialität aufeinander abgestimmt sein müssen. Am Bremer Markt und an den sich anschließenden Platzräumen sind alle Bauwerksfassaden mit rotem Ziegelstein und gelbem Naturstein versehen; sie bilden daher bei aller Unterschiedlichkeit in der Architektur ein stadträumliches Ensemble.**

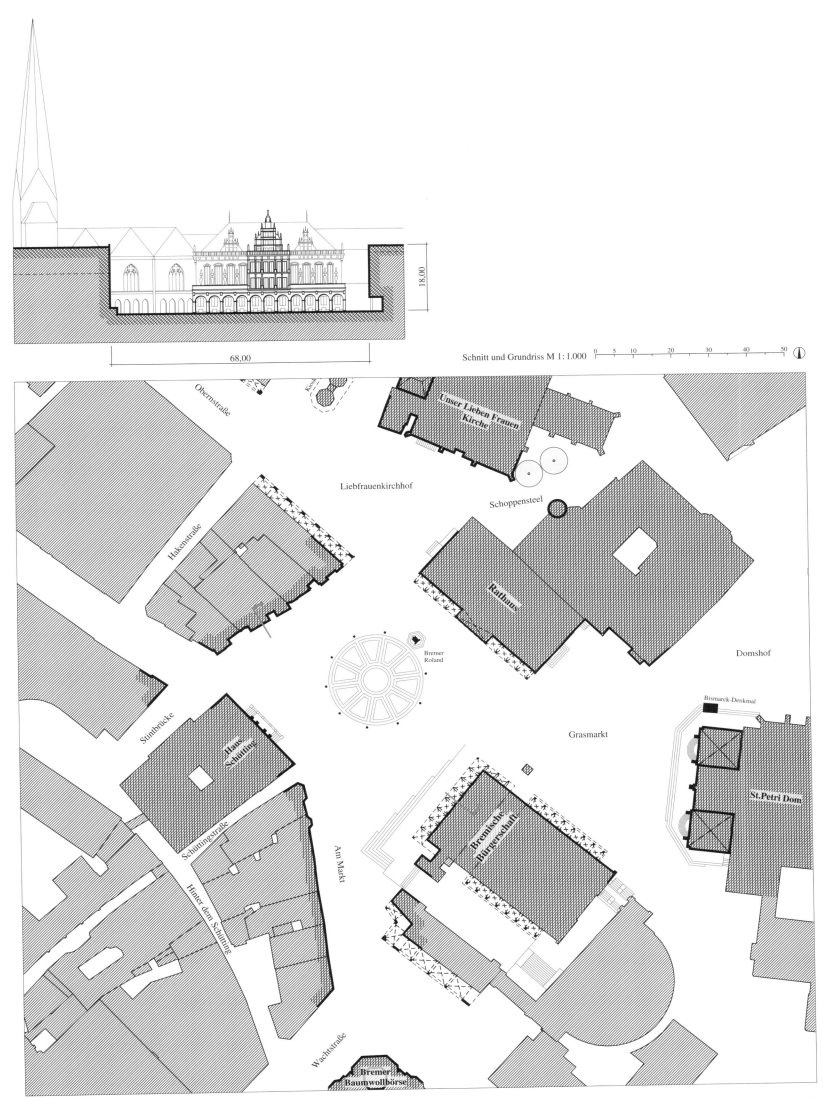

18,00

68,00

Schnitt und Grundriss M 1:1.000

0 5 10   20   30   40   50

Obernstraße

Unser Lieben Frauen Kirche

Liebfrauenkirchhof

Schoppensteel

Hakenstraße

Rathaus

Domshof

Bremer Roland

Bismarck-Denkmal

Stinbrücke

Grasmarkt

Haus Schütting

St.Petri Dom

Schüttingstraße

Am Markt

Hinter dem Schütting

Bremische Bürgerschaft

Wachtstraße

Bremer Baumwollbörse

DRESDEN THEATERPLATZ

Der Theaterplatz in Dresden kann in seiner offenen Bauweise mit dem Bremer Marktplatz (siehe Seite 68) verglichen werden, nur dass Letzterer ein Platz des Bürgertums ist und die Rathausfassade dreimal in der Platzfassade der 140 Meter langen Gemäldegalerie des Zwingers Platz findet. Der Theaterplatz erhält seine Raumwirkung von den vier Monumentalbauten an diesem Ort, dem Residenzschloss, der Hofkirche, der Gemäldegalerie und der Semperoper. Betrachtet man den Schwarzplan, so scheinen die Bauwerke wie beiläufig an die Elbe gestellt zu sein, zu der sich der Platz nach Nordwesten hin öffnet.

Wie in Bremen zeigt auch dieses Beispiel, wie wichtig es ist, dass die Gebäude bei der Offenheit des Platzraums in Material und Farbe eine Einheit bilden. Dies gilt, wie hier gut zu sehen, vor allem dort, wo die Unterschiedlichkeit der Architekturen durch verschiedene Entstehungszeiten oder architektonische Vorlieben erheblich ist. Die Altstädter Hauptwache aus der Schule Schinkels wie auch die Gebäude des Italienischen Dörfchens an der Elbe übernehmen diese Materialität ebenfalls.

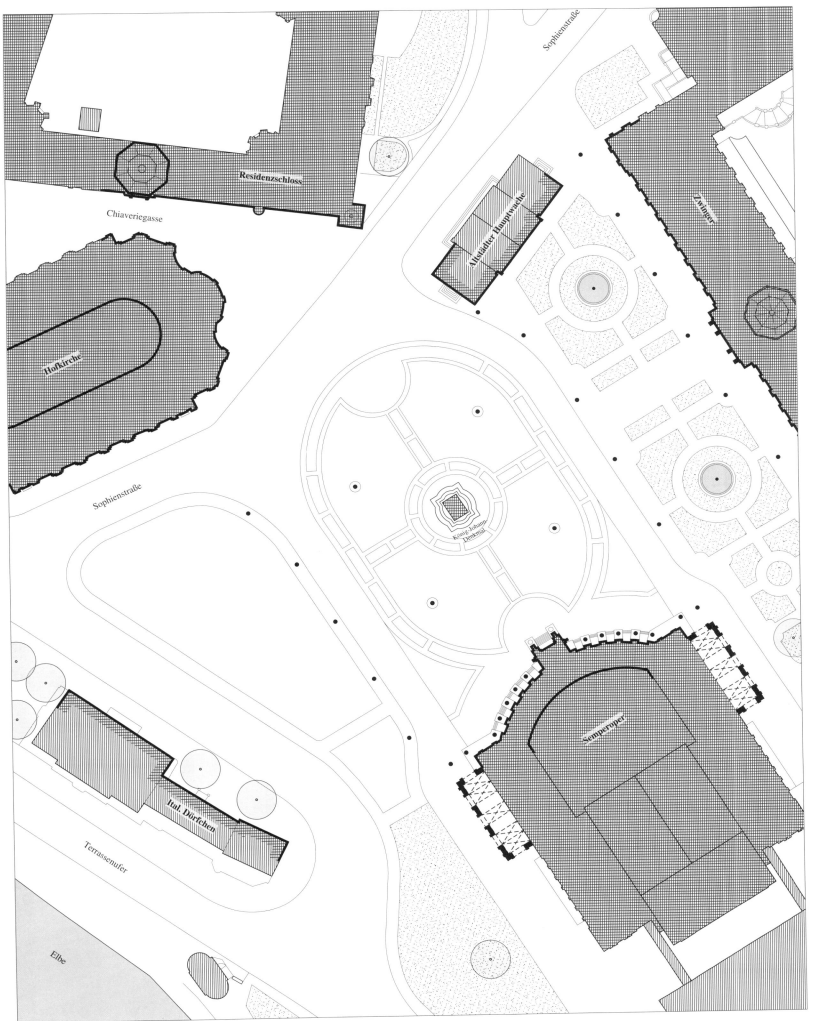

0 5 10   20   30   40   50

Sophienstraße

Residenzschloss

Chiaveriegasse

Altstädter Hauptwache

Zwinger

Hofkirche

Sophienstraße

König-Johann-Denkmal

Semperoper

Ital. Dörfchen

Terrassenufer

Elbe

71

FRANKFURT AM MAIN OPERNPLATZ

Der Platz ist durch eine der Hauptverkehrsstraßen Frankfurts zerschnitten und kann daher nicht als einheitlicher Stadtraum empfunden werden. Schon die Lage des Opernhauses nimmt wenig Bezug auf die den Platz einfassenden Gebäude. Am Ende des 19. Jahrhunderts in die Wallanlage der Stadt gesetzt, fand das Bauwerk schon damals keine klare Ausrichtung im städtischen Raum und wird heute im Westen in seiner Platzfläche durch die Verbreiterung der Verkehrsachse in eine sechsspurige Straße beschnitten. Trotzdem gilt der Opernplatz in Frankfurt als der schönste und repräsentativste Platz der Stadt, was

vor allem der großstädtischen Architektur des Operngebäudes geschuldet ist. Am Ende des 20. Jahrhunderts wurde der Platz auf seiner Westseite wieder in der Flucht seiner ursprünglichen Bebauung ergänzt. **Diese neuzeitliche Ergänzung erfolgte, von den Frankfurter Behörden festgelegt, in der Vorgabe, ein einheitlich beigefarbenes Natursteinmaterial für die Platzfassaden zu verwenden. Dies führte dazu, dass der Platz trotz seiner Zerrissenheit durch die Verkehrsbauwerke als einheitliches Ensemble empfunden wird. An diesem Beispiel wird einmal mehr deutlich, welchen Einfluss Stadtplanungsämter auf die Gestalt des öffentlichen Raums nehmen können, indem sie den Bauherren der privaten Grundstücke über Gestaltungssatzungen konkrete Vorgaben zur Errichtung ihrer Bauwerke machen.**

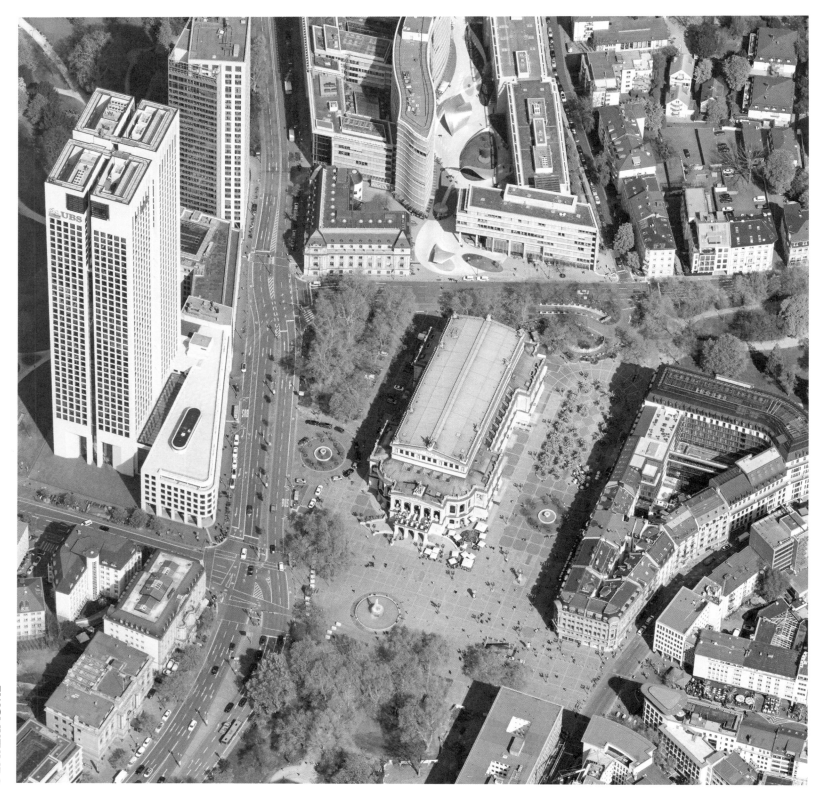

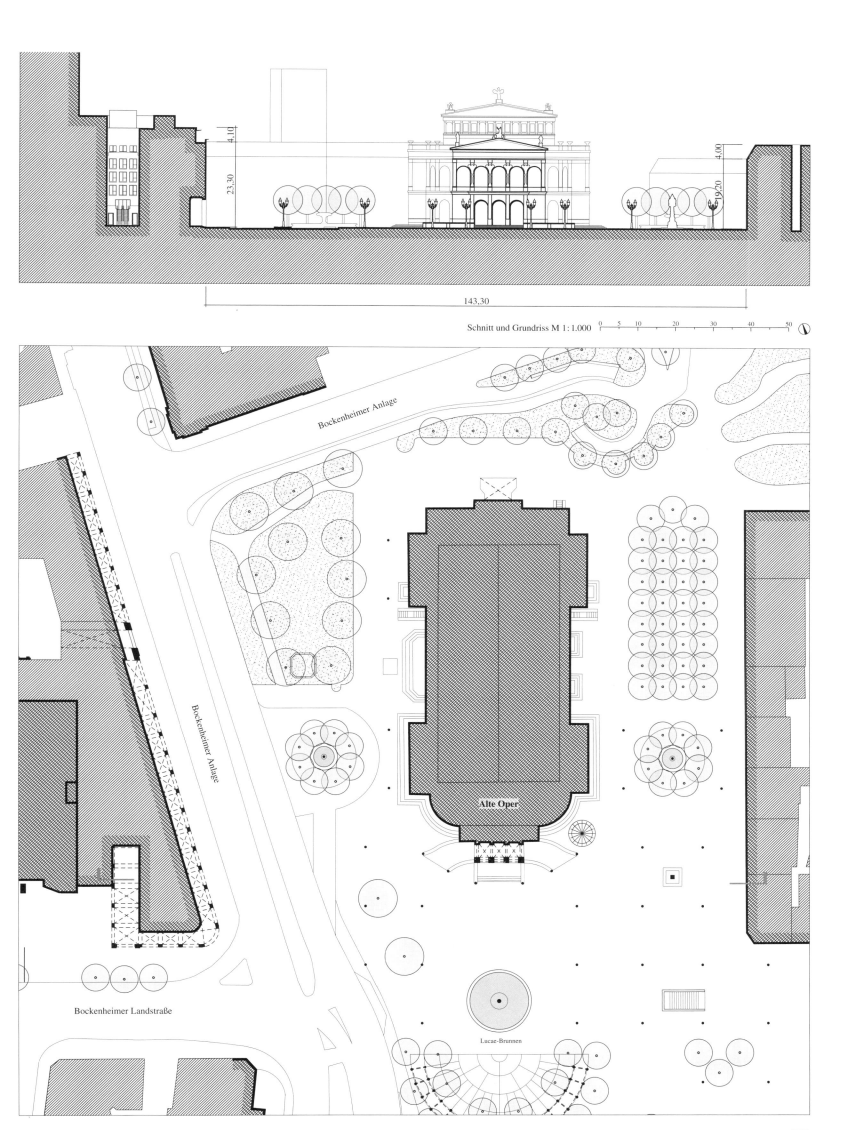

4.10

23.30

4.00

19.20

143,30

Schnitt und Grundriss M 1 : 1.000

0 5 10 20 30 40 50

Bockenheimer Anlage

Bockenheimer Anlage

Bockenheimer Landstraße

Alte Oper

Lucae-Brunnen

FRANKFURT AM MAIN OPERNPLATZ

Die Kolonnade erfüllt trotz ihrer Breite von nur 2,80 Meter beispielhaft verschiedene Kriterien, die sie zu einem architektonischen Raum, der zum Aufenthalt einlädt, werden lässt. Eines der Hauptkriterien ist, dass der Boden drei Stufen über dem Niveau der Straße liegt, so dass man aus dem Raum heraus einen perfekten Überblick über das Geschehen auf dem Opernplatz hat. Stellung und Dimensionierung der Pfeiler sind so gewählt, dass die Öffnung zur Straße hin räumlich eine gewisse Geschlossenheit aufweist. Diese Geschlossenheit wird zudem durch den über den Pfeilern liegenden Sturz vermittelt. Der obere

Abschluss erfolgt durch eine in sich gegliederte Decke, die in ihren Deckenfeldern eine gewisse Tiefe aufweist. Wandscheiben, die sich in den Raum hineinschieben und diesen abschließen, bilden das Ende der Arkade. An Pfeilern des schmalen Raums angebrachte Wandleuchten rhythmisieren diesen und sorgen am Abend für eine angenehme Atmosphäre. **Es sind vor allem fünf Elemente, die eine Kolonnade oder eine Arkade zu einem städtischen Raum mit eigenem Charakter werden lassen und zum Verweilen einladen:**

- **Erhöhung des Bodenniveaus**
- **Strukturierte Deckenfläche**
- **Ausbildung eines Sturzes**
- **Räumliche Geschlossenheit der Pfeiler**
- **Abschluss durch Wandscheiben**

Ansicht, Schnitt und Grundriss M 1:100

7,30

6,90

2,80

2,80

1,10 4,30 1,10 4,30 1,10 4,30 1,10

5,40 5,40 5,40

FRANKFURT AM MAIN RÖMERBERG

Dem Rathausplatz Frankfurts hat man, von Norden durch die Gasse Neue Kräme kommend, an seinem Eingang (1) mit dem Durchbruch der Braubachstraße Ende des 19. Jahrhunderts die räumliche Spannung genommen. Am Salzhaus, an dem die schmale Gasse Neue Kräme sich zum Platz hin öffnet, wurden die Häuser für die Querung der Braubachstraße niedergelegt. **Wie in vielen deutschen Städten, etwa in Kempten, Leipzig und Stralsund, sind auch in Frankfurt stadträumliche Mängel durch Zerstörungen des Zweiten Weltkriegs bis heute nicht beseitigt** (2). So fehlt die östliche Fassung des Paulsplatzes, der als Platzraum mit dem mittig liegenden **Eingangsturm der Paulskirche nicht mehr erkennbar ist.** Am Römerberg stört die Verlegung des Rathauseingangs, der ursprünglich im mittleren Haus der drei Rathausfassaden unter dem Kaisersaal lag, das Gesamtensemble des Platzes. Noch heute deuten zwei mächtige Masten (3), gekrönt mit dem Frankfurter Adler, auf die ursprüngliche Vorfahrt am ehemaligen Haupteingang unter dem Kaisersaal hin. Auch die drei in den 1950er Jahren errichteten Siedlungshäuser (4) in direkter Nachbarschaft zum Rathaus tragen durch ihre fremdartige Typologie zur Störung des städtischen Raums bei. Ihr Hauseingang liegt auf der Gebäuderückseite! Ihnen fehlen die ursprünglich giebelständigen repräsentativen Fassaden mit den Hauseingängen zum Platz, die das Gesamtensemble ergänzen würden.

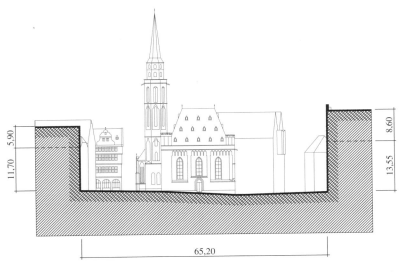

5,90
11,70
8,60
13,55

65,20

Schnitt und Grundriss M 1 : 1.000

0 5 10 20 30 40 50

Paulskirche

Einheitsdenkmal

Paulsplatz

Neue Kräme

chem. Raumkante

Braubachstraße

Steinernes Haus

Markt

Bethmannstraße

Salzhaus

Rathaus

Römerberg

Gerechtigkeits-
brunnen

Kunsthalle Schirn

Nikolaikirche

Saalgasse

Historisches Museum

Fahrtor

FREIBURG MÜNSTERPLATZ

Wer von Westen durch die Münstergasse (1) blickt, findet sich dem monumentalen Münsterturm als Straßenabschluss gegenüber. Anders als am Straßburger Münster aber schließt das Eingangsportal am Fuße des Münsterturms den Straßenraum nicht völlig ab, sondern lässt den Blick am monumentalen Bauwerk vorbei in die Tiefe des südlichen Münsterplatzes schweifen. Durch das diagonal im Platz stehende Bauwerk wird dieser in zwei dreieckige, völlig eigenständige, fast 150 Meter lange Platzräume geteilt, die von drei- bis viergeschossigen, meist traufständigen Häusern umstanden sind. **Das Beispiel zeigt nicht nur** den immensen Größenunterschied zwischen Münster und Platzrandbebauung, es demonstriert auch, dass alle öffentlichen Bauten am Platz architektonisch durch Arkaden (Alte Wache / Historisches Kaufhaus), Ecktürme oder Giebel (Kornhaus / Wentzingerhaus) gekennzeichnet und mit ihren Fassaden im städtischen Raum als **öffentliche Gebäude mit unterschiedlichen Nutzungen besonders hervorgehoben sind.** Der Typus des öffentlichen, dem Gemeinwesen zugehörigen Hauses öffnet sich zum öffentlichen Platz! Die Arkaden des Historischen Kaufhauses und der Alten Wache sind in den Platzraum hineingeschoben und werden durch die Eingangsarkaden auf der Südseite des Münsters ergänzt. In ihrem Zusammenwirken heben sie die stadträumliche Besonderheit des südlichen Münsterplatzes hervor. Der Freiburger Münsterplatz zeigt beispielhaft, welche besondere Bedeutung die Fassadengestalt im öffentlichen Raum hat.

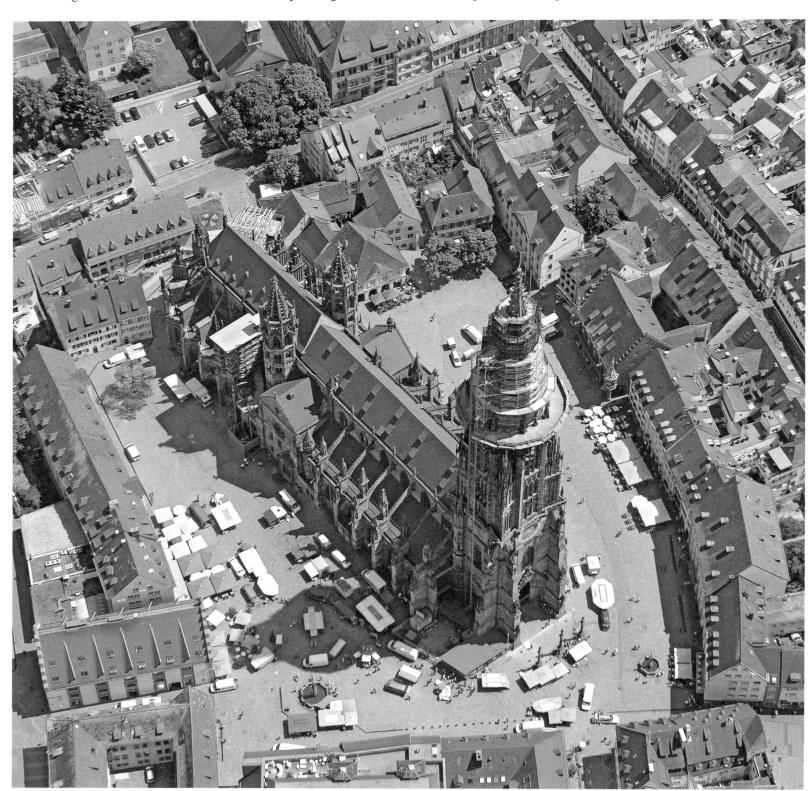

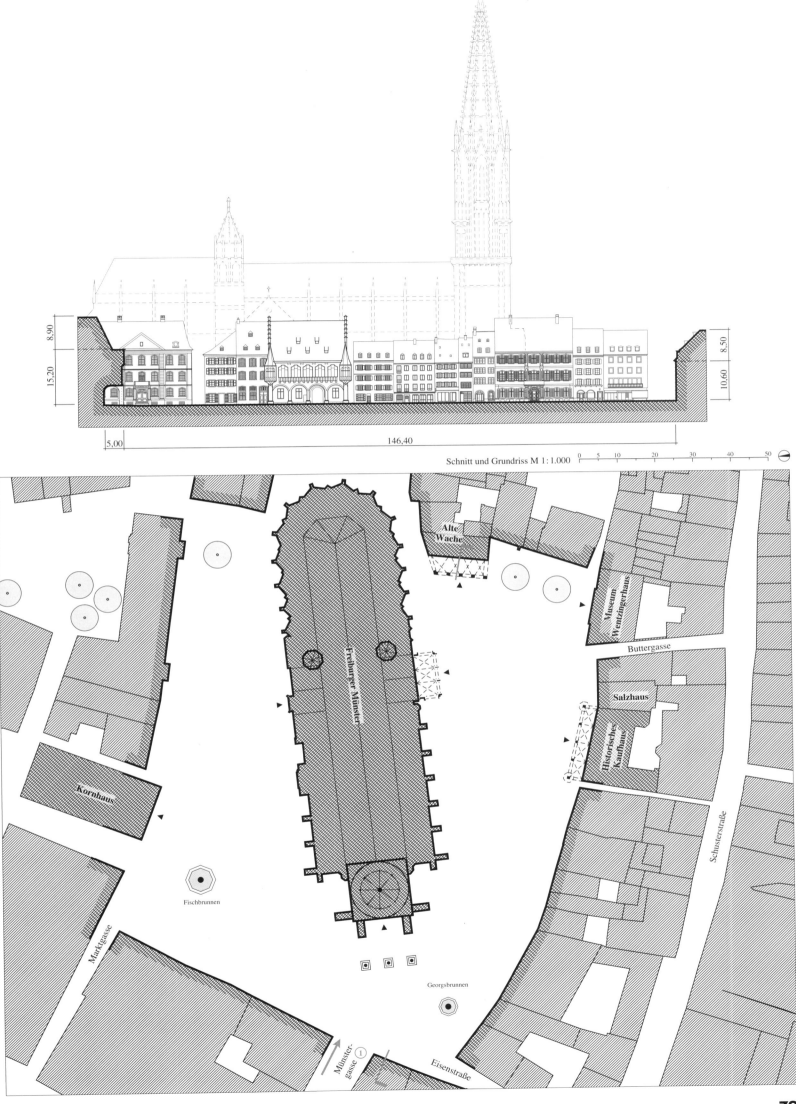

8,90

15,20

8,50

10,60

5,00

146,40

Schnitt und Grundriss M 1 : 1.000

0 5 10 20 30 40 50

Alte Wache

Museum Wentzingerhaus

Buttergasse

Salzhaus

Historisches Kaufhaus

Freiburger Münster

Schusterstraße

Kornhaus

Fischbrunnen

Markgasse

Georgsbrunnen

Münster-gasse ①

Eisenstraße

FREUDENSTADT MARKT

Als größter umbauter Platz in Deutschland gilt der Marktplatz in Freudenstadt mit seiner mehr als 200 × 200 Meter fassenden Fläche. Im Zentrum der städtebaulichen Anlage aus dem frühen 17. Jahrhundert war ursprünglich ein Schloss geplant, das aber nie gebaut wurde. Das Beispiel zeigt daher eine Platzfläche, die im Vergleich zu der zwei- bis dreigeschossigen Höhe der sie umgebenden Bebauung unverhältnismäßig groß ist. Auf dieser Fläche ließe sich der Berliner Pariser Platz mit seiner siebengeschossigen Randbebauung viermal unterbringen (siehe Zeichnung)! **Trotzdem bildet der Raum ein** städtebauliches Ensemble, das ausschließlich mit der stringenten Ordnung und Einheitlichkeit der ihn umgebenden Häuser zu erklären ist. Alle Häuser stehen auf einer umlaufenden Rundbogenarkade, haben annähernd die gleichen Trauf- und Firsthöhen sowie rote Ziegeldächer und sind in einer weitgehend einheitlichen hellen Farbe gestrichen. An den Ecken finden sich um ein Geschoss erhöht öffentliche Bauwerke, die den Raum akzentuieren. Städtebaulich von Bedeutung ist die erhalten gebliebene **Stadtkirche (1). Das hier als Typus einer Winkelkirche im 17. Jahrhundert errichtete Bauwerk ordnet sich in seiner architektonischen Winkelform der städtebaulichen Anlage des Platzes unter.** Auch das diagonal auf der anderen Seite des Platzes errichtete Rathaus hatte ursprünglich diese Winkelform. Die Platzanlage leidet unter den übermäßigen Straßen- und Kreuzungsbreiten der Verkehrsanlagen.

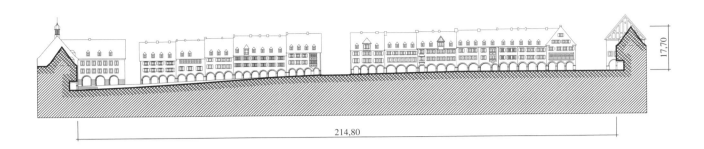

17,70

214,80

Schnitt und Grundriss M 1:1.500   0 15 30 45 60

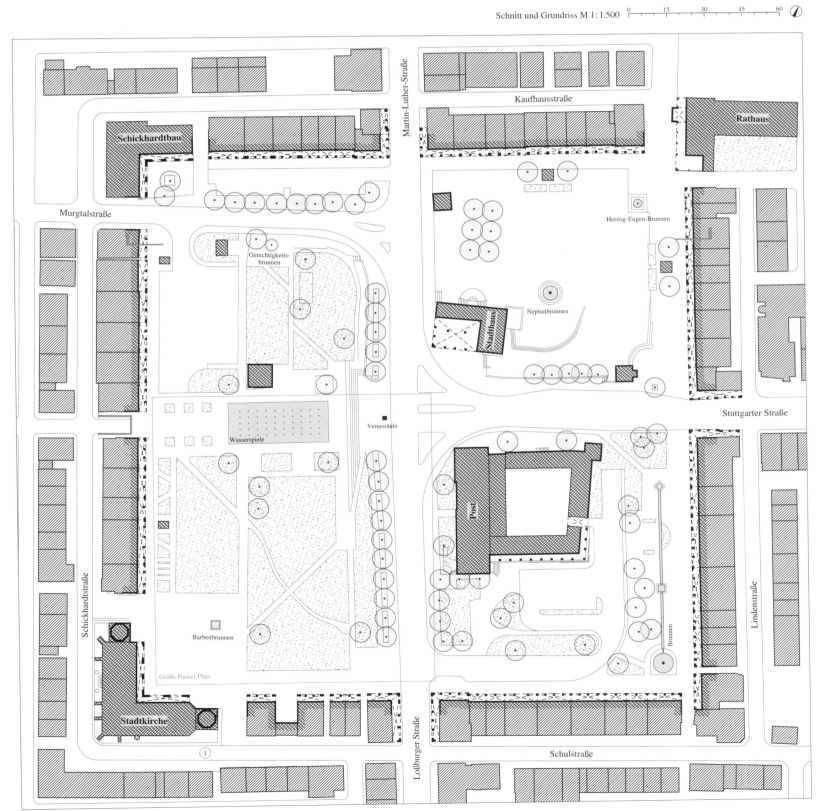

Martin-Luther-Straße

Kaufhausstraße

Rathaus

Schickhardtbau

Murgtalstraße

Herzog-Eugen-Brunnen

Gerechtigkeits-brunnen

Stadthaus

Neptunbrunnen

Stuttgarter Straße

Wasserspiele

Venussäule

Lindenstraße

Post

Schickhardtstraße

Barbenbrunnen

Brunnen

Größe Pariser Platz

Stadtkirche

①

Loßburger Straße

Schulstraße

ARKADEN
Höhe × Breite 3,40 × 3,00 Meter

FREUDENSTADT
MARKT

Wie wichtig die richtige Proportionierung und Materialisierung eines Baukörpers im Detail sind, zeigt der Vergleich mit der ursprünglichen Situation. Die neue Holzdecke passt in ihrer Materialität nicht in den steinernen Außenraum. Sie hängt zudem viel zu tief und schneidet damit fast in die Arkadenbögen hinein. **Das historische Foto dagegen zeigt deutlich, wie der Raum mit der richtigen Deckenhöhe seine Wirkung entfaltet. Der Raum wird im Scheitelbereich der Arkadenbögen gefasst, grenzt sich damit zum Platzraum ab und bildet eine eigene stadträumliche Einheit** (siehe Seite 152).

Ansicht, Schnitt und Grundriss M 1:100

0,20
3,40
3,20

3,00

3,00

1,00   3,30   0,40   3,30   0,40   3,30   1,00

4,00   3,70   4,00

GÖRLITZ
UNTERMARKT

Der Untermarkt liegt an der Hauptstraße der Görlitzer Altstadt und bildet mit dem Rathaus der Stadt deren Zentrum. In seiner Mitte wird der Platz durch eine ihn trennende Bebauung in zwei Bereiche geteilt. Anders aber als in Freiburg oder in Kempten, wo die den Platz einnehmende Bebauung, das Münster oder das Rathaus, hervorgehoben ist, stellt diese in der Platzmitte liegende „Zeile" heute kein öffentliches Gebäude mehr dar. Vielmehr nimmt das Rathaus mit seinem mächtigen Eckturm die gesamte Westseite des Platzes ein. **Beispielhaft an diesem Ort ist das Prinzip der sich in den Platzraum** hineinschiebenden Arkadenhäuser, deren Enden die auf den Platz zuführenden Straßen für das Auge stadträumlich abschließen (siehe Grundriss). Der Zugang der Brüderstraße, der Peterstraße, aber auch aller anderen Straßen auf den Platz wird so an ihrem Übergang zum Untermarkt verengt, so dass der Blick nicht über den Platz hinausgehen kann. Am Neuen Rathaus sind die Zugänge sogar komplett mit Arkaden überbaut. Dieses einfache Prinzip des Hineinschiebens von Arkadenhäusern in den Straßenraum ist in großzügiger Form auch in der Maximilianstraße in Lindau zu beobachten. Die Hausarkaden selbst öffnen die Häuser zum Platz hin und verstärken mit ihren gewölbten Räumen dessen Raumcharakter.

Grundriss M 1:1.000

0 5 10 20 30 40 50

Brüderstraße

Webergasse

Neißstraße

Neptunbrunnen

Altes Rathaus

S. 35

Untermarkt

Neues Rathaus

Peterstraße

Jüdenstraße

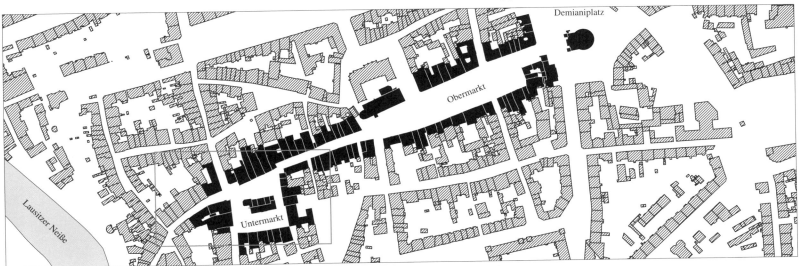

Lageplan M 1:5.000

0 25 50 100 150 200 250

Demianiplatz

Obermarkt

Lausitzer Neiße

Untermarkt

ARKADEN
Höhe × Breite 5,10 × 5,10 Meter

GÖRLITZ
UNTERMARKT

Die Arkaden in Görlitz ähneln denen in Lindau in der Maximilian-straße (siehe Seite 102). Sie sind allerdings mit einer Tiefe von 5,10 Meter fast doppelt so breit und damit sehr viel großzügiger. Auch sie haben einen Kellerabgang, der sich im Stufenbereich am Platz befindet. **Wie mehrmals beschrieben verleihen das leichte Anheben des Bodens, die Tiefe der Decke, hier mit der Wölbung des Kreuzgratgewölbes, und nicht zuletzt die Ausformung und die Tiefe der Pfeiler der Arkade den Charakter eines eigenen Raums.**

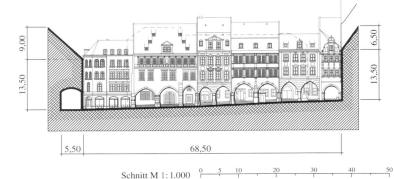

Schnitt M 1 : 1.000

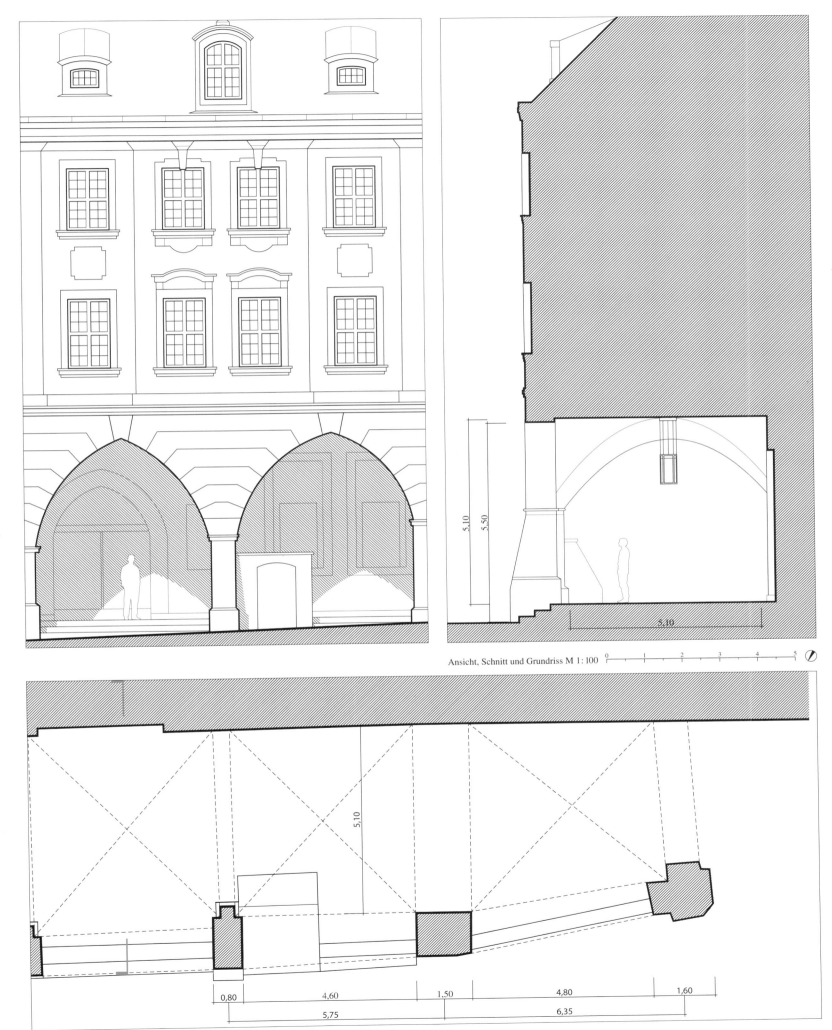

Ansicht, Schnitt und Grundriss M 1:100

5,10
5,50
5,10

5,10

0,80   4,60   1,50   4,80   1,60
5,75   6,35

HAMBURG
ALSTERARKADEN

Die Alsterarkaden am Hamburger Rathaus aus der Mitte des 19. Jahrhunderts sind ein eigenes städtebauliches Element, das im Zusammenhang mit dem neuen Rathaus entwickelt und errichtet wurde. **Sie sind ein Beispiel für den Entwurf einer bewusst geplanten städtebaulichen Raumbildung und als Bauwerk in eigener Architektur unabhängig von der dahinterliegenden Bebauung konzipiert. Ihr Bau muss als eigenständiges städtebauliches Element verstanden werden, das als stadträumlich großstädtische Einfassung an den Rand der Kleinen Alster gesetzt wurde.** Dementsprechend war auch ihre Farbe, dem städtischen Gesamtensemble um das Hamburger Rathaus entsprechend, in Beige-Gelb gehalten; erst später wurden sie weiß gestrichen. **Das Bauwerk erscheint mit allen Details, anders als die dahinterliegende Bebauung der einzelnen Häuser, in einer einheitlichen Form auf einer Länge von 128 Metern.** Diese großstädtische Haltung im städtebaulich-architektonischen Entwurf führt noch heute, nach 150 Jahren, zu seinem einmaligen Erfolg als belebter Arkadenraum mit einer hohen Aufenthaltsqualität.

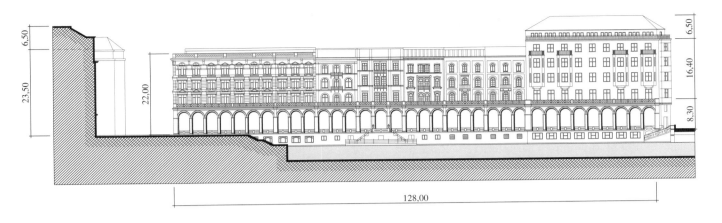

6,50
23,50
22,00
6,50
16,40
8,30
128,00

Schnitt und Grundriss M 1 : 1.000   0 5 10   20   30   40   50

Schleusenbrücke

Neuer Wall

Kleine Alster

Reesendamm

Jungfernstieg

Plan

ARKADEN
Höhe × Breite 6,90 × 4,40 Meter

HAMBURG ALSTERARKADEN

Der Arkadenraum ist in Achsen von jeweils knapp vier Metern gegliedert. Diese Unterteilung erfolgt in Form von Rundbögen, die auf einen sich in den Raum hineinschiebenden Wandpfeiler aufsetzen und den 128 Meter langen Raum rhythmisch strukturieren. Zusätzlich wird die Unterteilung durch Wandleuchten hervorgehoben, die das Bauwerk am Abend mit einem angenehmen Licht ausleuchten. **Das Beispiel zeigt die Prinzipien eines Arkadenraums, in dem die Decke und die Arkadenstützen eine gewisse baukonstruktive Tiefe aufweisen, die das Bauwerk als einen eigenständigen, in sich** geschlossenen Raum wirken lässt. Das Gegenteil hiervon ist in der sich hinter der Schleusenbrücke anschließenden Glaskonstruktion nachzuvollziehen (siehe Seite 88). Vor allem das Fehlen der Stützen, die aus einer Überdeckung einen Raum machen, der durch eine seitlich mit Öffnungen versehene Wand optisch gefasst wird, lässt die Konstruktion zum Vordach werden, dem es an jeder Geborgenheit mangelt.

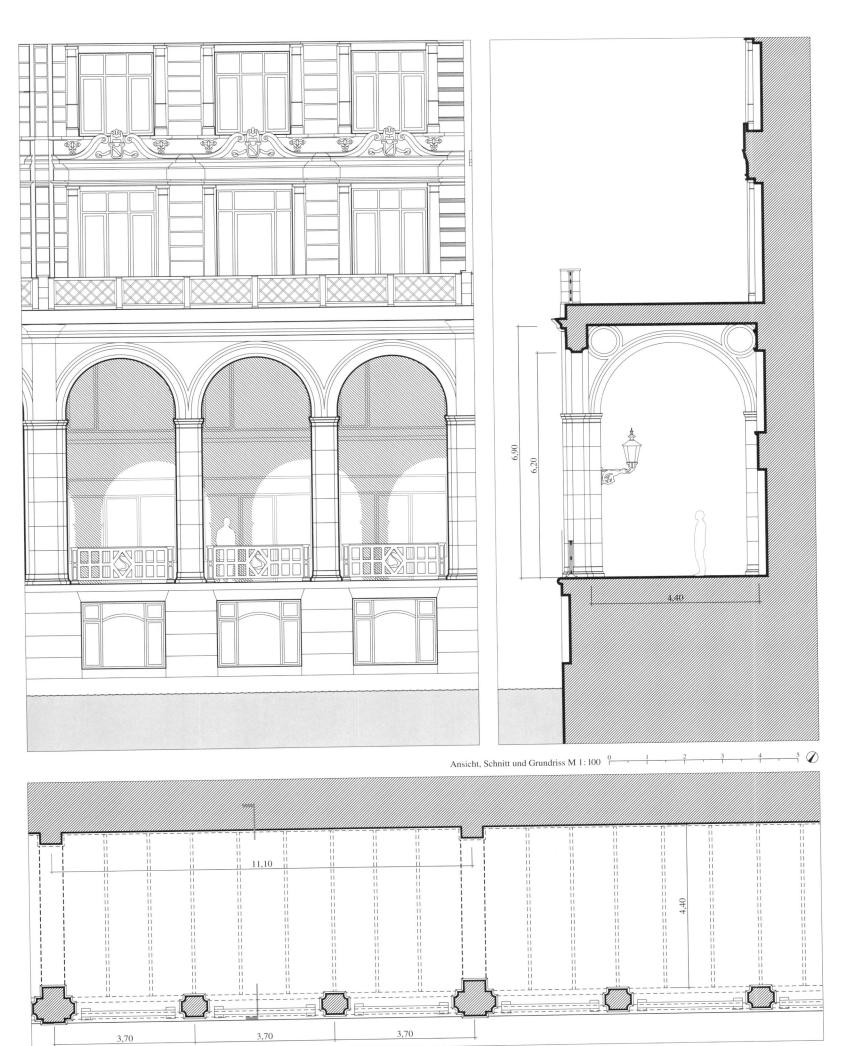

Ansicht, Schnitt und Grundriss M 1:100

HANNOVER LICHTENBERGPLATZ

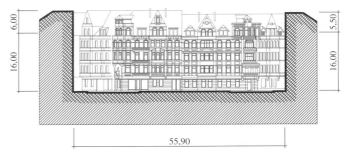

Der am Ende des 19. Jahrhunderts entstandene Lichtenbergplatz hat eine quadratische Form und wird durch eine begrünte kreisförmige Insel, in deren Mitte ein Baum gepflanzt ist, zentriert. **Das Beispiel zeigt einen Platz, dessen Raumwände sechsmal durchstoßen sind, viermal in der Diagonale und zweimal in der Mitte der Bebauung. Dies führt dazu, dass der Platz ausschließlich aus Eckhäusern besteht und damit keinen geschlossenen Raum entwickelt. Trotzdem wird er als architektonischer Raum wahrgenommen, da er fast ausschließlich von Platzfassaden umgeben ist, die aus den gleichen** Materialien errichtet und mit einer gleichen Farbgebung versehen sind. **Die an jedem Haus befindlichen Erker verdeutlichen den städtebaulichen Willen, den Platzraum in die Grundrisse einzubeziehen.** Vier der Eckhäuser haben einen stumpfen Winkel; vier aber sind spitzwinklig, was sie heute zu einer architektonischen Herausforderung werden lässt.

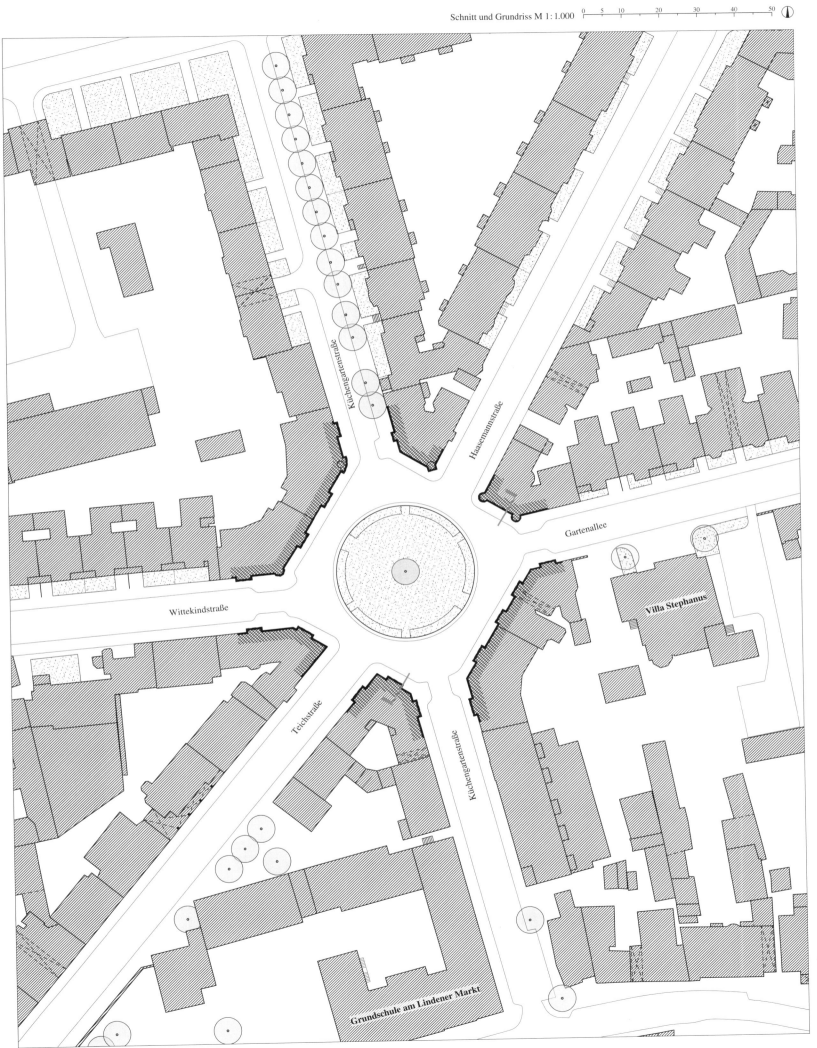

Schnitt und Grundriss M 1:1.000

Küchengartenstraße

Haasemannstraße

Gartenallee

Villa Stephanus

Wittekindstraße

Teichstraße

Küchengartenstraße

Grundschule am Lindener Markt

93

HEIDELBERG MARKTPLATZ

Die in den Platz hineingesetzte Heiliggeistkirche teilt die Fläche des Heidelberger Marktes in drei Räume. Der südliche Bereich entspricht mehr einer räumlichen Erweiterung der Hauptstraße. Im Osten liegt vor dem Chor der Kirche der eigentliche Marktplatz, und im Norden befindet sich der Fischmarkt, der durch die hervortretende Sakristei am Chor räumlich vom Hauptmarkt mit dem Herkulesbrunnen getrennt ist. Auch das der Sakristei gegenüberliegende Haus (1) springt knapp einen Meter aus der Flucht der nördlichen Bebauung heraus, was die Verengung zwischen Fischmarkt und Marktplatz deutlich akzentuiert und eine optische Trennung der beiden Räume hervorruft. Die vorspringende Hausecke an der Steingasse (2) verstärkt diesen Eindruck. Da das Hauptportal der Heiliggeistkirche unter dem Turm nur sieben Meter von der westlichen Fassade des Gesamtplatzes entfernt liegt, erschließt die Kirche jeweils zwei weitere Eingänge vom Fischmarkt beziehungsweise von der Hauptstraße aus. Zwei dieser Eingänge liegen in der Flucht der Krämer- beziehungsweise der Steingasse und bilden somit deren optischen Abschluss. **Das Beispiel verdeutlicht, ähnlich dem Rathaus in Kempten, wie auch heute öffentliche Gebäude, die in die Mitte einer sie umgebenden geschlossenen Bebauung gesetzt werden, stadträumlich spannende Situationen entwickeln können.**

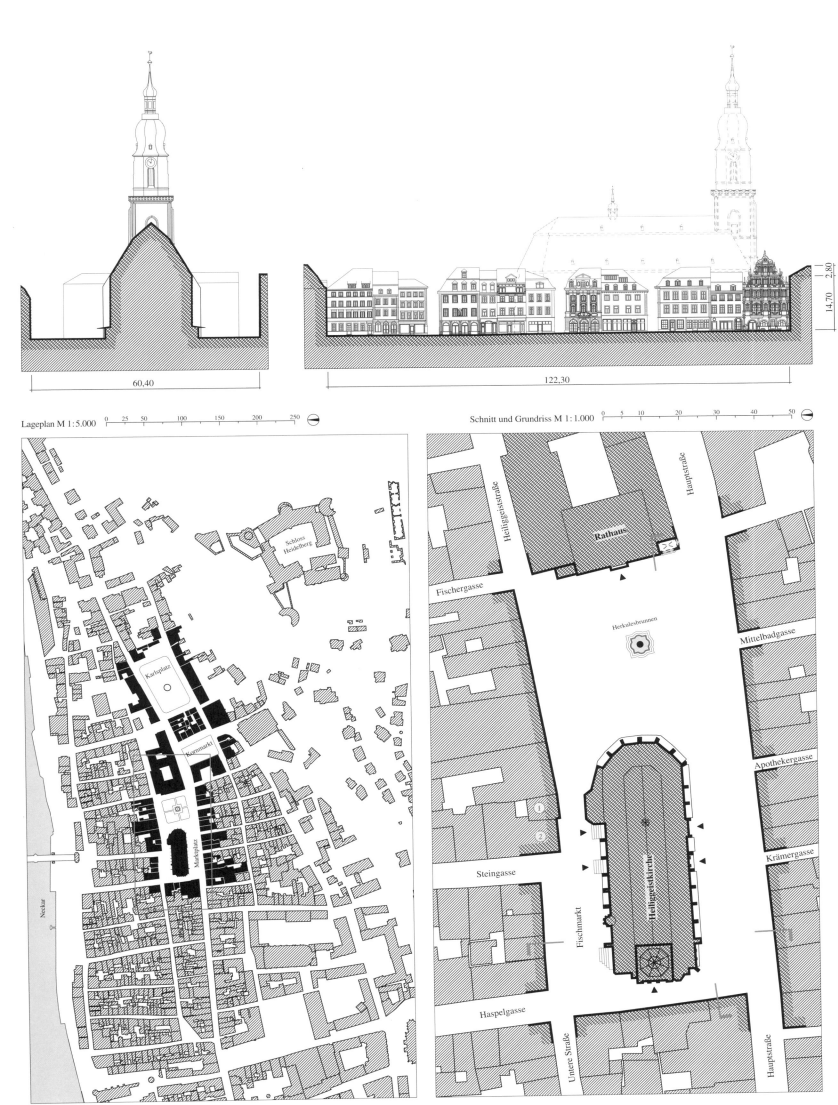

60,40

122,30

2,80

14,70

Lageplan M 1:5.000   0 25 50   100   150   200   250

Schnitt und Grundriss M 1:1.000   0 5 10   20   30   40   50

Neckar

Schloss
Heidelberg

Karlsplatz

Kornmarkt

Marktplatz

Heiliggeiststraße

Rathaus

Hauptstraße

Fischergasse

Herkulesbrunnen

Mittelbadgasse

Apothekergasse

Steingasse

Fischmarkt

Heiliggeistkirche

Krämergasse

Haspelgasse

Untere Straße

Hauptstraße

KASSEL
KÖNIGSPLATZ

Der im 18. Jahrhundert angelegte Königsplatz hat im Laufe der Zeit zahlreiche Veränderungen erfahren. Das Beispiel zeigt, dass die Platzumfassung mit geschnittenen Platanen die architektonisch sehr heterogene Platzfassadenwand angenehm beruhigt. Prinzipiell kann die Pflanzung von Baumreihen Straßen und Platzräume hervorragend ordnen. Bis auf die Einführungen der Oberen und der Unteren Königsstraße mit ihren Straßenbahngleisen könnten die Baumreihen komplett geschlossen sein. **Vergleicht man dieses Beispiel mit den beiden Münchner Plätzen, dem Gärtner- und dem Karolinenplatz (siehe**

Grundriss), **fallen folgende Unterschiede auf: Der mit 130 Meter Durchmesser sehr große Königsplatz verträgt sehr gut die zwei hintereinander gesetzten Baumringe, zwischen denen auch noch der für den Einzelhandel so wichtige Individualverkehr geführt werden kann. Weitaus wichtiger aber erscheint der Vergleich mit dem Karolinenplatz** (siehe Seite 116)**, dessen Mitte durch die den inneren Kreis begleitende Schienenführung der Stadtbahn frei bleibt und damit, anders als am Königsplatz, auch nutzbar wird.** Prinzipiell eröffnet das Umfahren eines runden Platzes, wie es am Karolinenplatz oder am Gärtnerplatz in München (siehe Seite 114) zu sehen ist, der Planung die Chance, den Platz in seiner Mitte nutzen zu können.

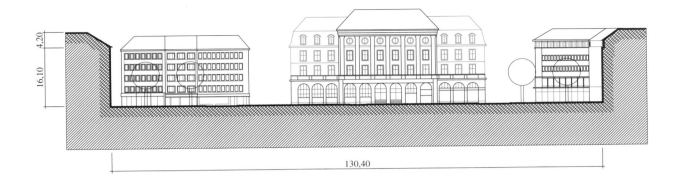

4,20
16,10

130,40

Schnitt und Grundriss M 1:1.000　　0　5　10　　20　　30　　40　　50

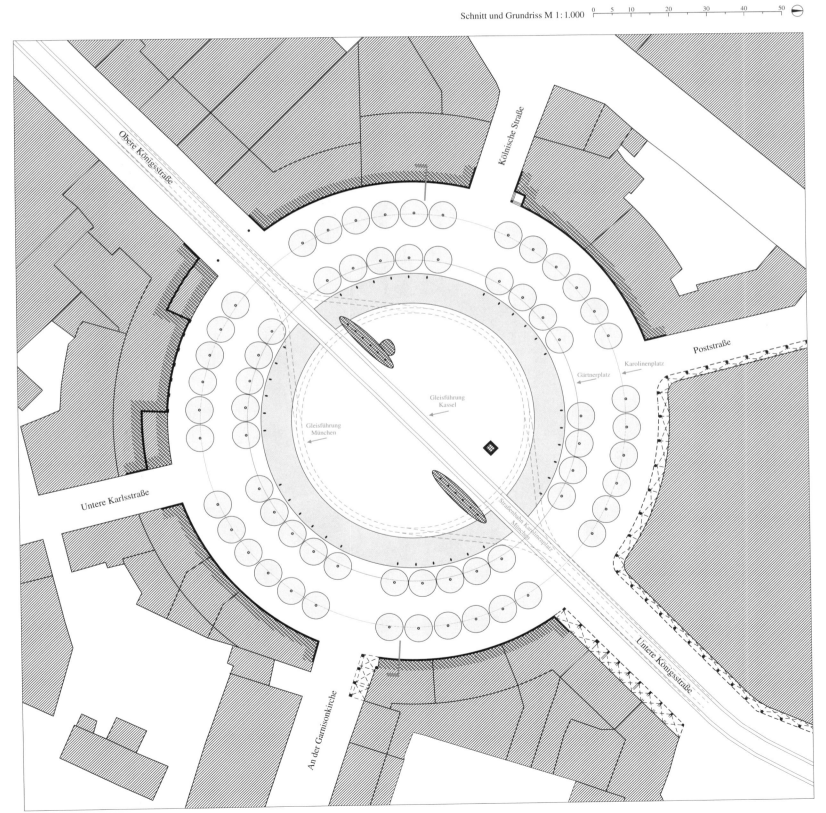

Obere Königsstraße

Kölnische Straße

Poststraße

Karolinenplatz

Gärtnerplatz

Gleisführung
Kassel

Gleisführung
München

Straßenbahn Karolinenplatz München

Unter Karlsstraße

Untere Königsstraße

An der Garnisonkirche

KEMPTEN RATHAUSPLATZ

Ein Rathaus als Solitär in einem leicht gebogenen Platzraum kennzeichnet die Situation des Rathausplatzes in Kempten. **Das Beispiel zeigt, wie die Abstaffelung von Straßen den Eckhäusern am Schleifergässele, am Hallgässele und an der Heinrichgasse den Blick auf das Rathaus der Stadt freigibt.** Zugleich verdeutlicht dieses Hineinschieben dem Betrachter, vom Rathaus in die entgegengesetzte Richtung blickend, die Eingänge in die zur Iller laufenden Gassen. Dementsprechend sind die Häuser an diesen drei Gassen mit Ziergiebeln und Erkern zum Rathausplatz hin versehen.

Die Baumgruppe zwischen Hallgässele und Heinrichgasse behindert diese städtebaulich spannende Blickbeziehung am Rathausplatz. Eine ähnliche Situation findet sich in der Maximilianstraße in Augsburg (Straßenräume). Auch dort wurde ein stadträumlich wichtiges Bauwerk abgerissen und die städtebauliche Situation nachhaltig geschädigt. Das Beispiel Kempten demonstriert zudem, wie ein öffentliches Bauwerk von einer Gruppe von Häusern umgeben als Solitär im Platzraum hervorgehoben werden kann. Auch für Neuplanungen vorbildlich gelöst ist in diesem Fall, dass im historischen Rathaus aufgrund der beengten Platzsituation die Hauptnutzung der Stadtverwaltung (Büro des Oberbürgermeisters und der Bürgermeister sowie die Sitzungssäle) belassen wurde, während die Büros der Verwaltung in einem gegenüberliegenden Neubau (1) untergebracht sind.

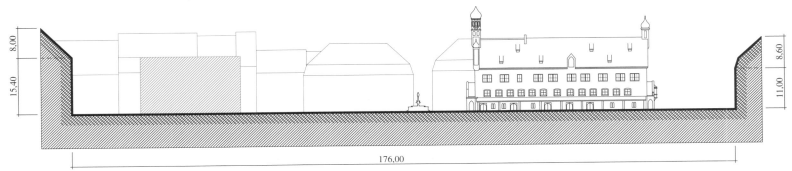

Schnitt und Grundriss M 1:1.000

8.00
15,40

8.60
11,00

176,00

Lageplan M 1:2.500   0   25   50   75   100   125

8.60
10,00

6.00
12,00

39,10

Iller

St.-Mang-Platz

Schleifergässele

Hallgässele

Pomkauhaus

Heinrichgasse

Gerberstraße

ehem. Raumkante

Rathausbrunnen

Rathaus

Kronenstraße

Kronenstraße

Rathausstraße

LEIPZIG MARKTPLATZ

Der Marktplatz in Leipzig zeichnet sich durch eine Besonderheit aus, die verdeutlicht, welchen Stellenwert die Fassaden der einen Platz umfassenden Bauwerke für den Platzraum haben. Der Rathausturm steht nicht in der Mitte der Rathausfassade, sondern im Drittelspunkt des fast 100 Meter langen Bauwerks. Dieser ungewöhnliche Standort erklärt sich aus der außermittigen Lage des Rathauses am Platz. Der Turm nimmt die Mitte der Längsfassade des gesamten Platzes und nicht die Mitte des Rathauses ein. Die drei dem Rathaus direkt gegenüberliegenden Fassaden Äckerleinshof (1),

Passagenhaus (2) und Kaufhaus Breuninger (3), die erst vor wenigen Jahren entstanden sind, gehören zu einem einzigen Bauwerk und reagieren mit ihrer Dreiteilung auf die fast 70 Meter Gesamtlänge des dahinterliegenden Gebäudes. **Indem die ursprünglichen Parzellengrößen in den Platzfassaden aufgenommen werden, der beigefarbene Ton aller Häuser am Platz aufgegriffen und die Eigenständigkeit der drei Fassaden betont wird, passt sich das fast den gesamten Block einnehmende Bauwerk der Kleinteiligkeit der Parzellen des Platzes an. Vor allem aber konnte damit die städtebauliche Dominanz des historischen Rathauses erhalten werden.** Obwohl einem Gebäude zugehörig, haben die drei Fassaden durch unterschiedliche Materialien, Farben, Formen und Traufhöhen einen jeweils eigenständigen Charakter und liegen am Platz nicht einmal in einer Flucht, sondern folgen der ursprünglichen Fluchtlinie am Leipziger Markt.

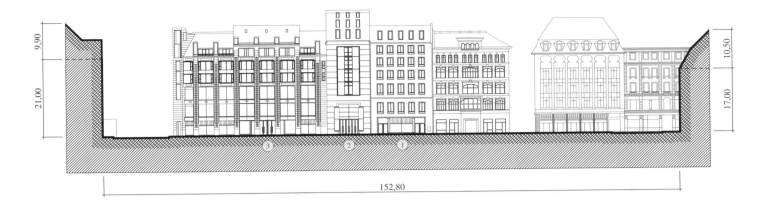

9,90
21,00
10,50
17,00

152,80

Schnitt und Grundriss M 1:1.000   0 5 10   20   30   40   50

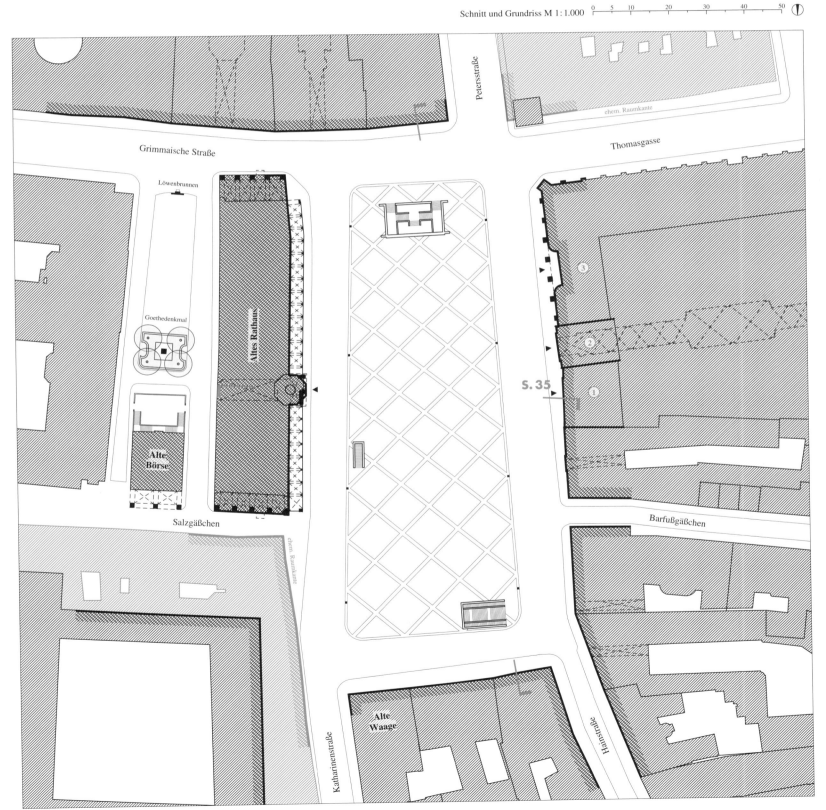

Petersstraße

Grimmaische Straße

Thomasgasse

ehem. Raumkante

Löwenbrunnen

Goethedenkmal

Altes Rathaus

Alte Börse

Salzgäßchen

ehem. Raumkante

S. 35

Barfußgäßchen

Katharinenstraße

Alte Waage

Hainstraße

LINDAU
BISMARCKPLATZ

Das Alte Rathaus in Lindau trennt zwei Plätze, den Bismarckplatz und den Reichsplatz, räumlich voneinander. Damit entspricht das Bauwerk den Beispielen der Rathäuser in Alsfeld und Wangen im Allgäu sowie dem Stadthaus in Ansbach. Auch in diesen Städten werden öffentliche Platzräume nur durch ein einziges, meist frei stehendes Bauwerk getrennt. **Das Beispiel verdeutlicht, wie ein öffentliches Gebäude mittig in eine städtische, von Häusern eingefasste Fläche gestellt werden kann und dabei zwei gleichwertige Platzräume entwickelt. Wichtig ist hier, dass der Solitär nach beiden Seiten** hin dem jeweiligen Charakter des Raums angemessene Platzfassaden erhält, die mit unterschiedlichen Hauseingängen die beiden Platzräume abschließen. Obwohl das Lindauer Rathaus eine einfache rechteckige Grundrissform aufweist, wie sie auch in unserer Zeit eingesetzt wird, ist den beiden jeweiligen Fassaden eindeutig abzulesen, welche Seite die repräsentative Hauptfassade des Rathauses darstellt. In Alsfeld (siehe Seite 40) öffnet sich das Erdgeschoss zum Markt, und in Wangen (siehe Seite 132) weist die Barockfassade auf den Rathausplatz hin. Beim Lindauer Rathaus sind es der Treppenaufgang, die Justitia und die Glocken im Treppengiebel, die auf die Vorderseite des Bauwerks verweisen.

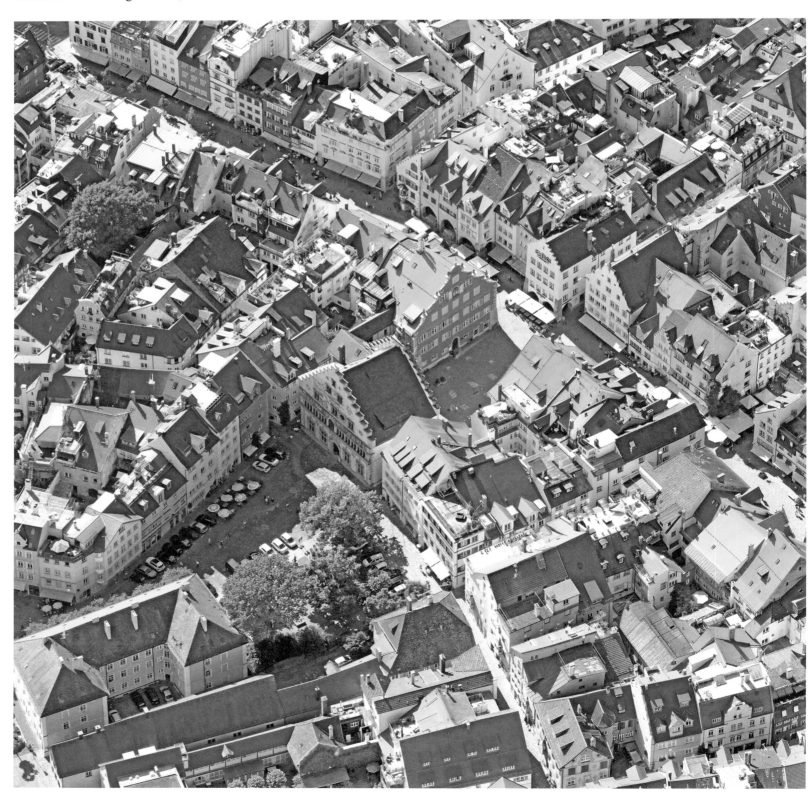

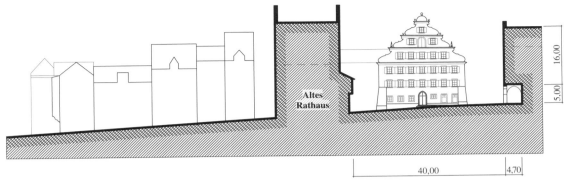

16,00

5,00

Altes
Rathaus

40,00   4,70

Hafenplatz

Reichsplatz

Altes
Rathaus

Bismarckplatz

Ludwigstraße

Krummgasse

Schafgasse

Maximilianstraße

Schneeberggasse

Reichsplatz

Altes Rathaus

Bismarckplatz

ehem. Raumkante

Lindaviabrunnen

Ludwigstraße

Salzgasse

Bürstergasse

LÜBECK
MARKT

Der Markt in Lübeck lebt von der Schönheit seiner Rathausfassade. Ähnlich dem Rathaus in Stralsund dominiert das Bauwerk in seiner Höhe und architektonischer Qualität den Marktplatz. **Beispielhaft ist der Arkadenraum, der in seiner Schönheit kaum zu überbieten ist. Er ergänzt den Platz unter den Gebäuden mit zusätzlichen witterungsgeschützten Flächen und ermöglicht zugleich einen Zugang in die Breite Straße, ohne dass dabei die Einfassung des Platzraums verloren ginge.** Der Platz ist von einfachen, mit rotem Ziegelstein gearbeiteten Häusern aus den Nachkriegsjahren eingefasst. Ihre

Farbigkeit und ihre roten Ziegeldächer fügen sich in das Gesamtbild des Platzes ein. Die 70 Meter lange Glasfassade im Westen, vor allem aber die Monofunktionalität des Gebäudes und seine Geschlossenheit zum Platz sind städtebaulich wenig glücklich. Mit den vor die Fassade gepflanzten Bäumen kann das Erscheinungsbild am Platz ein wenig verbessert werden.

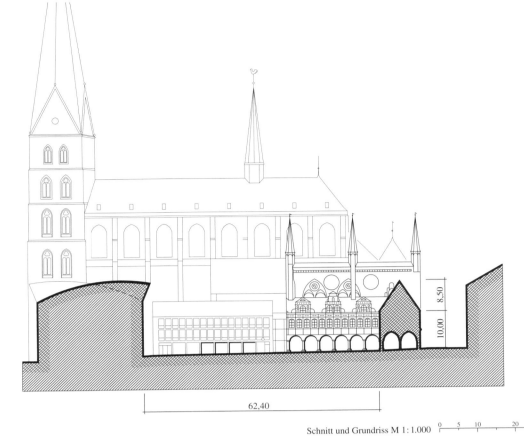

8,50

10,00

62,40

Schnitt und Grundriss M 1:1.000

0 5 10 20 30 40 50

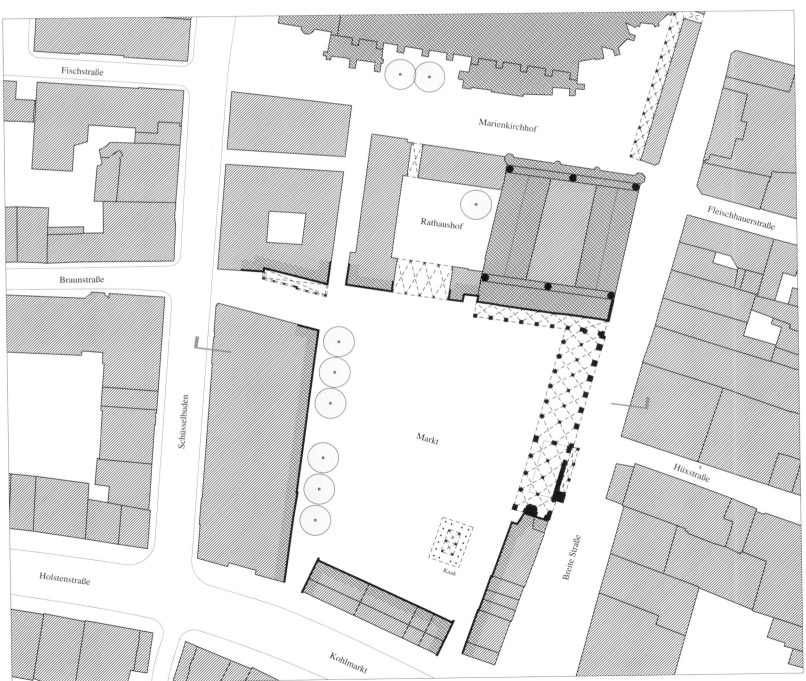

Fischstraße

Marienkirchhof

Fleischhauerstraße

Braunstraße

Rathaushof

Schüsselbuden

Markt

Hüxstraße

Breite Straße

Holstenstraße

Kaak

Kohlmarkt

LÜBECK
MARKT

Die Arkadenhalle wird durch das den Raum in niedriger Höhe abschließende Kreuzrippengewölbe charakterisiert. Das Gewölbe ruht auf etwas mehr als zwei Meter hohen Pfeilern, die damit eine Größe haben, die kaum höher ist als der sich in diesem Raum aufhaltende Betrachter. **Diese dem menschlichen Maßstab angepasste Größe der Pfeiler stellt die Besonderheit dar, die dem Besucher das Gefühl der räumlichen Umfangenheit vermittelt, wenn er diesen Raum betritt.** Die Reihung der Kreuzrippengewölbe strukturiert den Raum. Zugeich gibt sie ihm eine Unaufgeregtheit und Ruhe, die dieser Architektur im

öffentlichen Raum eine besondere Aufenthaltsqualität verleiht. Die handwerkliche Qualität und die Oberflächenbeschaffenheit der Steine entwickeln ein Licht- und Schattenspiel, das auch heute mit modernsten Techniken, CNC-Fräsen und der Genauigkeit von Betonfertigteilen hergestellt werden kann.

Ansicht, Schnitt und Grundriss M 1:100

0,50
4,90
4,40

3,80
4,10

0,90　3,30　0,90　3,30　0,90　3,30　0,90　3,30　0,90
4,20　　　4,20　　　4,20　　　4,20

LÜNEBURG AM SANDE

Der lang gestreckte Platz Am Sande der Hansestadt Lüneburg wird an seinen Kopfenden optisch durch den Turm der St. Johanniskirche und durch das alte Brauhaus begrenzt. Die Einfassung des Platzes erfolgt durch ehemalige Dielenhäuser, die mit ihren hohen Erdgeschossen und den darüberliegenden Geschossen ihren Besitzern ursprünglich als Wohn- und Arbeitsstätte dienten. Diese Mischnutzung wird heute in anderer Form durch Läden, Restaurants etc. aufrechterhalten und sorgt für eine vielfältige Nutzungsmischung. **Als Besonderheiten müssen die den Häusern vorgeblendeten gotischen Treppen- und**

Barockgiebel und die Einfassung mit öffentlichen Bauwerken an den beiden Platzenden hervorgehoben werden, deren repräsentativer Charakter die Platzwände im öffentlichen Raum zu einer grandiosen Kulisse werden lässt und deren Schönheit dazu führt, dass der Platzraum in der Gegenwart als Ort für städtische Feste genutzt wird. Die Reihung des Typus Giebelhaus führt bei aller Unterschiedlichkeit der einzelnen Gebäude zu einem eindrucksvollen städtischen Ensemble, das als Vorbild für neue Konzeptionen dienen kann.

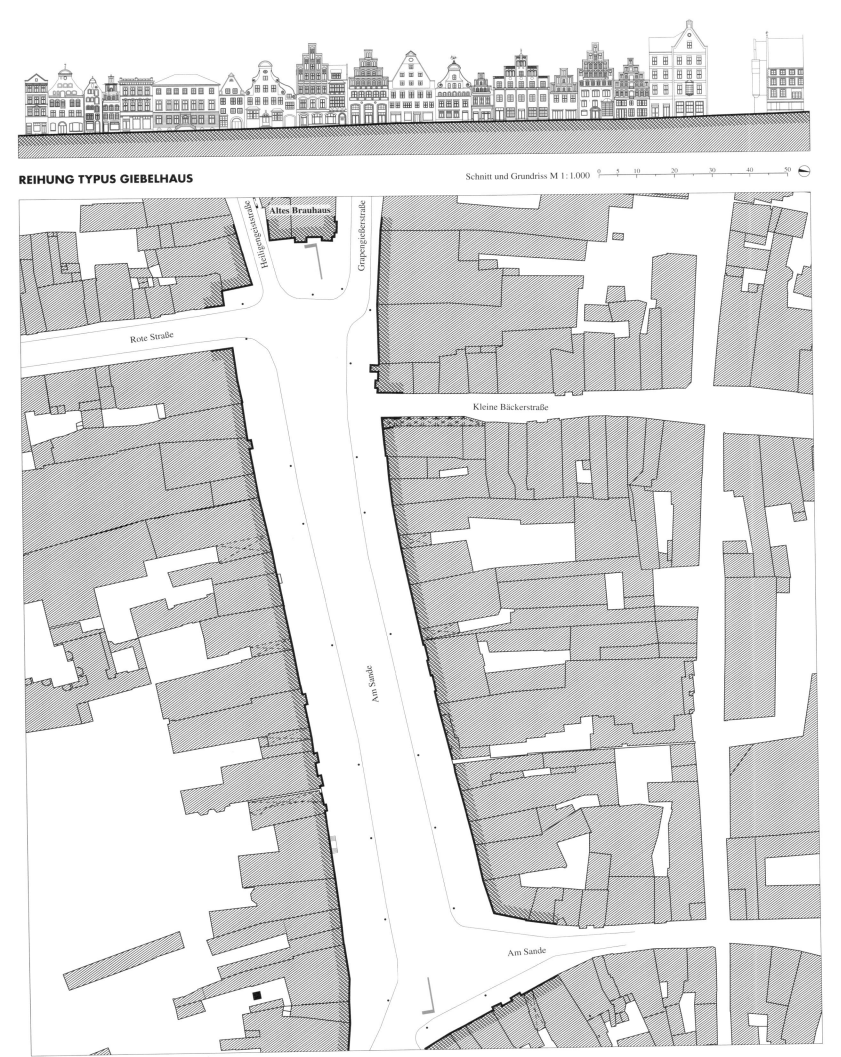

REIHUNG TYPUS GIEBELHAUS

Schnitt und Grundriss M 1 : 1.000

0 5 10 20 30 40 50

Altes Brauhaus

Heiligengeiststraße

Grapengießerstraße

Rote Straße

Kleine Bäckerstraße

Am Sande

Am Sande

LUDWIGSBURG MARKTPLATZ

Der Ludwigsburger Marktplatz hat eine einfache rechteckige Form und ist von unterschiedlichsten Häusern umstanden. Diese sind zwei- oder dreigeschossig und weisen individuell gestaltete Platzfassaden auf. Stadträumlich wird der Zusammenhalt für das Auge durch eine schlichte umlaufende Arkade hergestellt, die den Platz zu einem repräsentativen Raum werden lässt. An seinen Längsseiten ist der Marktplatz durch zwei sich axial gegenüberstehende Kirchengebäude mittig getrennt, ähnlich dem Marktplatz in Karlsruhe (siehe Seite 31), an dem sich Kirche und Rathaus gegenüberstehen. Als öffentliche Bauten

dominieren die zwei Kirchen den Platz und verleihen ihm Charakter. Ein auf die Platzfläche gestellter Brunnen, der schon von Weitem durch die beiden Marktstraßen sichtbar wird, gibt dem Raum seine Mitte. **Das Beispiel zeigt, wie wenig städtebaulich ordnende Elemente es braucht, um einen Platz als städtischen Raum erfahrbar zu machen: eine einfache rechteckige Platzform, zwei sich gegenüberstehende öffentliche Bauwerke (Kirche, Schule, Quartierstreff o. ä.), die in die Platzachse gesetzt werden, ein in die Platzmitte gestellter Brunnen und ein umlaufender Arkadenraum.**

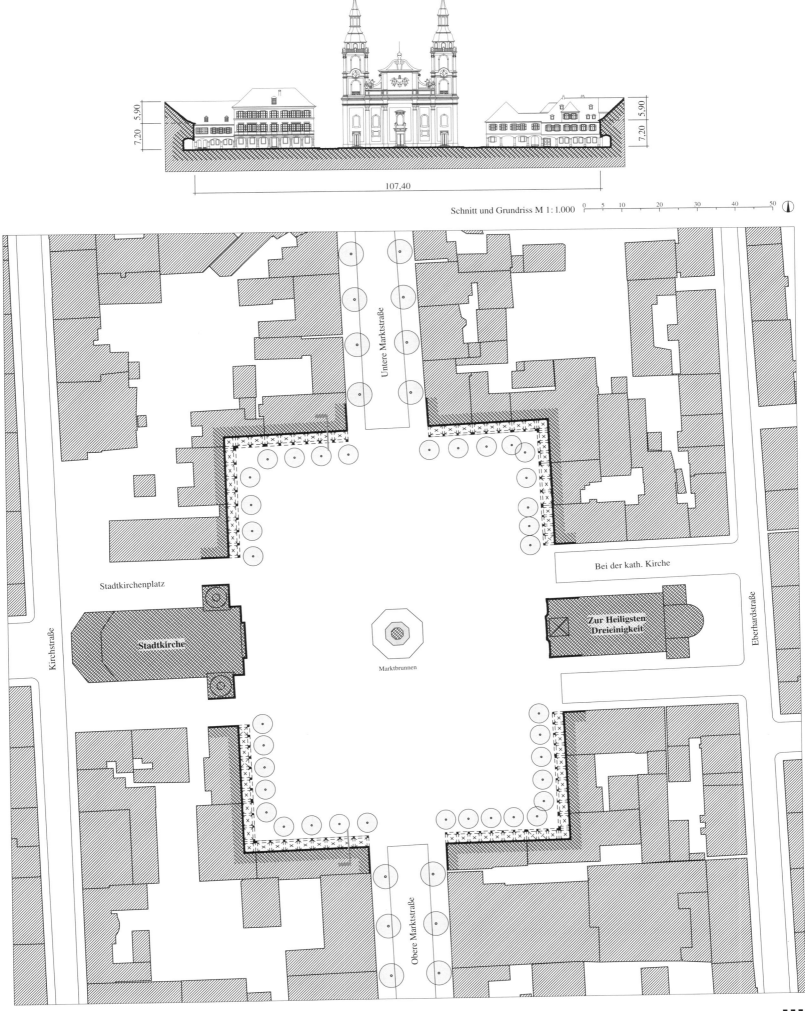

Schnitt und Grundriss M 1 : 1.000

| 0 | 5 | 10 | 20 | 30 | 40 | 50 |

7,20   5,90

5,90   7,20

107,40

Untere Marktstraße

Stadtkirchenplatz

Bei der kath. Kirche

Kirchstraße

Eberhardstraße

Stadtkirche

Zur Heiligsten Dreieinigkeit

Marktbrunnen

Obere Marktstraße

MANNHEIM FRIEDRICHSPLATZ

Der Friedrichsplatz wurde zu Beginn des 20. Jahrhunderts im Rahmen einer Stadterweiterung angelegt. Die neobarocke Anlage entwickelte sich aus der Tatsache, dass für die Wasserversorgung des neuen Stadtteils ein Wasserturm erbaut werden musste. Da er als repräsentatives Bauwerk in das Achssystem der Stadt eingeordnet wurde, avancierte der Turm schon wenige Jahre nach seiner Errichtung zu einem Wahrzeichen der Stadt. Die den halbkreisförmigen Platz einfassende Bebauung endet in der Rundung mit zwei symmetrisch gehaltenen Eckbauten, die den Beginn der Augustaanlage markieren. In diesem Halbrund sind alle Häuser im Erdgeschoss auf Arkaden gestellt und bilden damit einen stadträumlich einheitlichen Abschluss des Friedrichsplatzes. Das Beispiel verdeutlicht, wie selbst technische Bauten bei der Anlage eines neuen Stadtquartiers zum Ausgangspunkt und Zentrum eines Wohnorts werden können. Dies gilt für nahezu alle technischen Bauwerke der Stadt wie Umspannwerke, S- oder U-Bahn-Stationen, aber auch öffentliche Gebäude wie Schulen oder Kindertagesstätten. Sind sie repräsentativ und in Verbindung mit einem Platz angelegt, eröffnen diese für einen neuen Stadtteil oder ein Stadtquartier notwendigen Gebäude die Möglichkeit, ein Stadtteilzentrum zu entwickeln. Das in Verbindung mit dem technischen Bauwerk eines Wasserturms entstandene Wasserbecken wird zu einem Schmuckplatz und ist damit zugleich ein Erholungsraum für die Bewohner des Stadtteils.

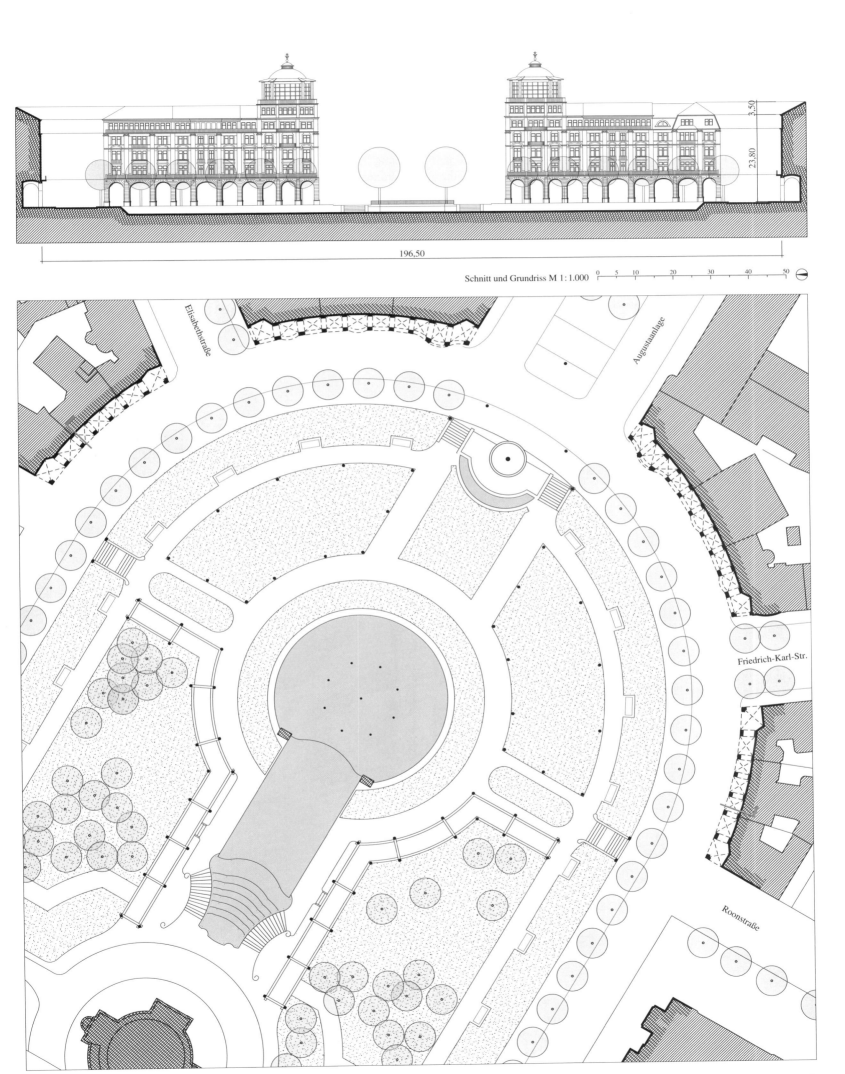

3,50

23,80

196,50

Schnitt und Grundriss M 1:1.000

0 5 10   20   30   40   50

Elisabethstraße

Augustaanlage

Friedrich-Karl-Str.

Roonstraße

MÜNCHEN GÄRTNERPLATZ

Der Gärtnerplatz ist der namensgebende zentrale Platz im Gärtner-platzviertel. Der kreisrunde Platz wird in regelmäßiger Geometrie sternförmig erschlossen. Als Kreisverkehr folgt die Verkehrsführung auf dem Platz der räumlichen Figur, unterstützt durch beidseitige Baumreihen. Das Zentrum ist als Schmuckplatz mit Rasenflächen und Staudenrabatten angelegt und wird von einer niedrigen Hecke ein-gefasst. **Die Ordnung der regelmäßig auf den äußeren Rand des Platzes gesetzten Bäume, aber auch die Straßenlaternen und die Parkbänke betonen die Raumform. Die vier- bis sechsgeschossigen** Häuser dieses städtischen Raums haben alle runde Platzfassaden, mit denen die Raumform erst entwickelt wird. Weitgehend ein-heitlich verputzte Lochfassaden unterstützen diese gesamtheitli-che Raumform. Als einzige Dominante in der Fassadenabwicklung hebt sich die Eingangsfassade des Gärtnerplatztheaters mit einem hohen Portikus hervor. Die Aufstellung der Laternen folgt der Ord-nung des Platzes. Lediglich am Theater springen die Laternen aus der Ordnung zurück und betonen das öffentliche Gebäude. **In seiner Funktion als öffentliche Institution verleiht das Theaterbauwerk dem Platz einen öffentlichen Charakter und damit schon aus der Nutzung heraus eine eigene Identität. Der Platz wird dadurch zum Theaterplatz, so wie ihn eine Schule zum Schulplatz und eine Kirche zum Kirchplatz machen würde.**

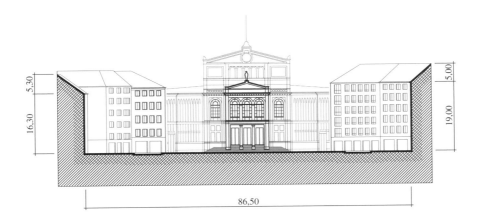

5,30

16,30

5,00

19,00

86,50

Schnitt und Grundriss M 1 : 1.000

0 5 10 20 30 40 50

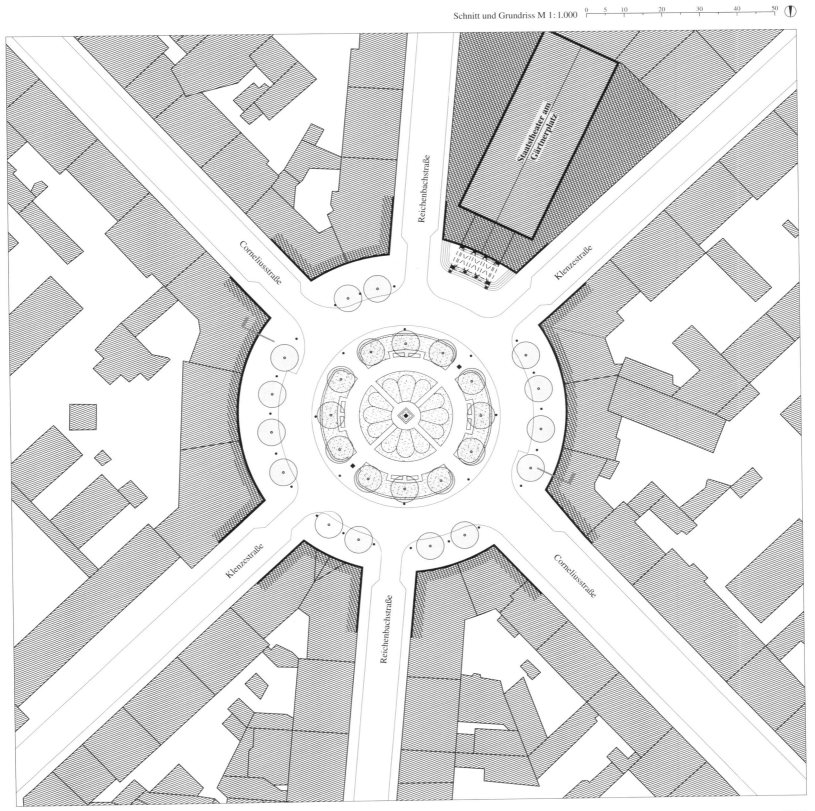

Reichenbachstraße

Corneliusstraße

Klenzestraße

Staatstheater am Gärtnerplatz

Klenzestraße

Corneliusstraße

Reichenbachstraße

MÜNCHEN KAROLINENPLATZ

Anders als der Gärtnerplatz (siehe Seite 114) oder der Kasseler Königsplatz (siehe Seite 96) ist der Karolinenplatz von frei stehenden Bauwerken, die etwa 16 Meter hinter der Grundstücksgrenze aufragen, umgeben. Drei dieser Bauwerke stehen auf den diagonalen Platzachsen und werden an den Einmündungen der Straßen von zwei niedrigen Nebengebäuden flankiert. Lediglich die Einmündung der Max-Joseph-Straße ist von Eckhäusern gerahmt. Diese Straße hat aber auch die Besonderheit, dass sie am Platz endet und nicht wie die beiden Hauptachsen optisch über ihn hinwegläuft. **Das Beispiel zeigt,** wie der runde Platz mit einem Durchmesser von etwa 120 Metern zwischen den Fassaden der zurückgesetzten und in die Diagonale gestellten viergeschossigen Bauwerke kaum ein Raumgefühl aufkommen lässt, der Raum aber durch den 29 Meter hohen Obelisken erfahrbar wird. Auf drei mächtigen Treppenpodesten ruhend, nimmt er die Mitte des kreisrunden Platzes ein. Diese Mitte, die kreisrunde Grünfläche und die den Gehsteig von der Fahrbahn trennende, kaum einen Meter hohe Hecke verstärken dieses Raumgefühl. Das Durchkreuzen der Grünfläche durch die Gehwege, die dazwischen angelegten Pflanzbeete und die in die Ordnung gestellten Straßenlaternen ergänzen das Platzbild. **Beispielhaft ist, dass die Straßenbahngleise sich anders als am Königsplatz in Kassel diesem städtebaulichen Raumgefüge unterordnen und den Platz nicht durchschneiden.**

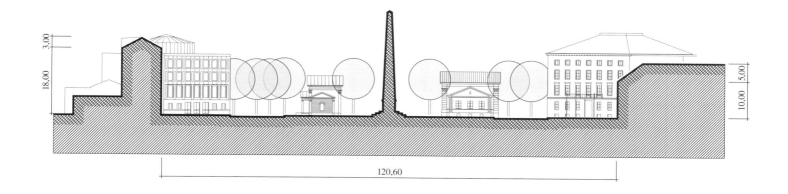

3,00
18,00
5,00
10,00

120,60

Schnitt und Grundriss M 1 : 1.000   0 5 10   20   30   40   50

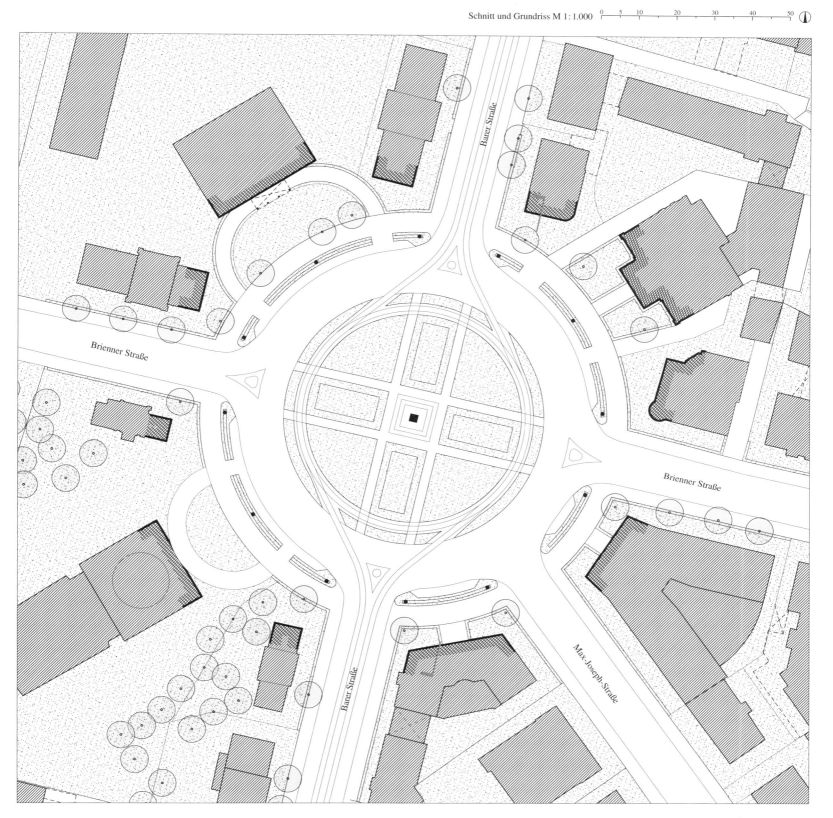

Barer Straße

Brienner Straße

Brienner Straße

Barer Straße

Max-Joseph-Straße

MÜNCHEN KÖNIGSPLATZ

Fast scheint es, als sei im 19. Jahrhundert eine quadratische Fläche aus einem Wald herausgeschnitten worden, um den Königsplatz anzulegen. Gerade im Vergleich zum ebenfalls sehr großen Marktplatz in Freudenstadt (siehe Seite 80) aus dem 17. Jahrhundert mit seinen niedrigen Arkadenhäusern wird deutlich, wie öffentliche Bauwerke zu allen Zeiten bewusst in den Stadtkörper gesetzt wurden. In Freudenstadt sind sie auf die Ecken des quadratischen Platzes gestellt, während sie am Königsplatz mit ihren ausdrucksvollen Platzfassaden mittig auf den Längsseiten des Platzes angeordnet sind und den Eingang

in die Museumsbauten repräsentieren. **Der Königsplatz in München verdeutlicht beispielhaft, wie öffentliche Gebäude im städtischen Raum als Bauten der Gemeinschaft hervorgehoben werden können. Dies gilt nicht nur, wie in diesem Fall, für Kulturbauwerke, sondern lässt sich in unserer Zeit auch mit Schulgebäuden, Konzerthallen oder im kleineren Maßstab mit Kindertagesstätten realisieren. Noch bei Fritz Schumacher wurden Schulen mit ihren Haupteingängen auf Straßenachsen ausgerichtet oder mit kleinen Schulplätzen versehen, um sie als besondere Bauten der Gesellschaft hervorzuheben.** Theaterplätze, Opernplätze, Bahnhofsplätze und natürlich Rathausplätze sind mit ihren öffentlichen Gebäuden nicht nur inhaltlich, sondern auch städtebaulich die Fixpunkte im Häusermeer der europäischen Stadt. Sie repräsentieren seit Jahrhunderten bis in die heutige Zeit hinein das „Gemeinwesen Stadt".

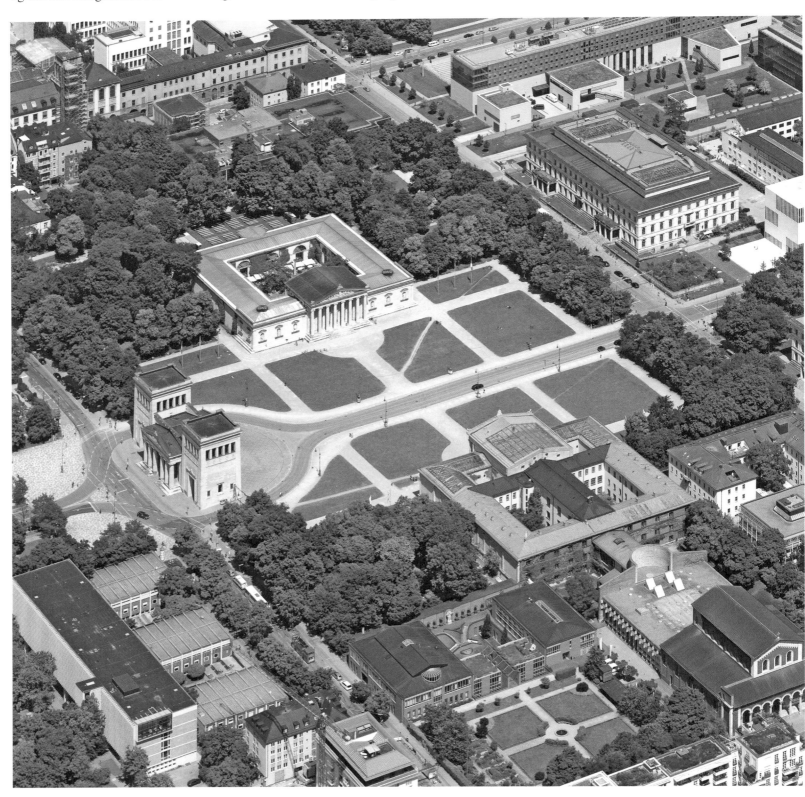

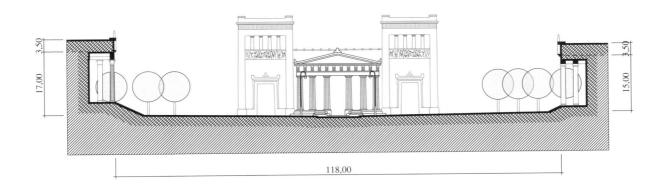

3.50

17.00

3.50

15.00

118,00

Schnitt und Grundriss M 1:1.000

0 5 10 20 30 40 50

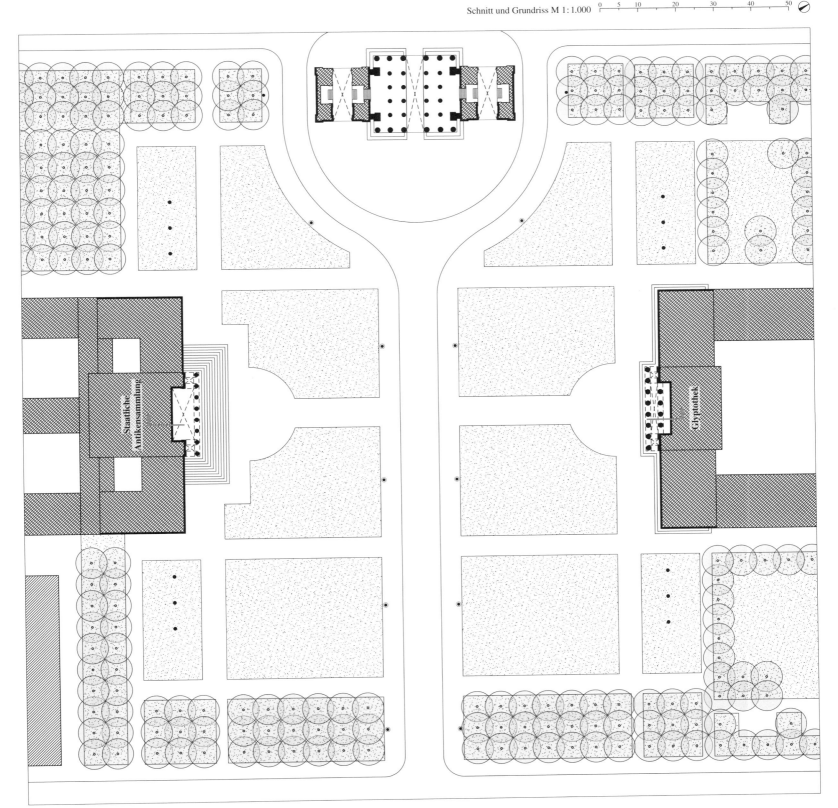

Staatliche Antikensammlung

Glyptothek

PUTBUS
CIRCUS

Der Platz ist das Beispiel eines geschlossenen klassizistischen Ensembles von zwei- bis dreigeschossigen Wohnhäusern, die mit horizontalen Gesimsen und flach geneigten Dächern streng gegliedert und weiß verputzt sind. Die Regelmäßigkeit der Bepflanzung mit geschnittenen Kugeleichen, die alle auf einen zentralen Obelisken ausgerichtet sind, und die nicht gleichmäßig gestalteten Häuser verleihen dem kreisförmigen Platz seinen städtebaulichen Charakter. **Das Beispiel verdeutlicht, wie wichtig Materialität und Farbe im städtischen Raum sein können, wenn die Häuser für die Größe eines Platzes nicht** hoch genug sind, um als Platzwände zu fungieren. Die den Platz umschließenden Bauwerke sind in Höhe, Breite und Dachform verschieden und stehen damit auch weitgehend ungeordnet um das stringent bepflanzte Rondell. Geordnet sind die Häuser ausschließlich in ihrer Ausrichtung auf die Platzmitte, die durch den Obelisken markiert wird. Es sind also vor allem die Einheitlichkeit des weißen Farbanstrichs und die klassizistische Ordnung der Platzfassaden dieser Häuser, die ein umschließendes Ensemble entstehen lassen.

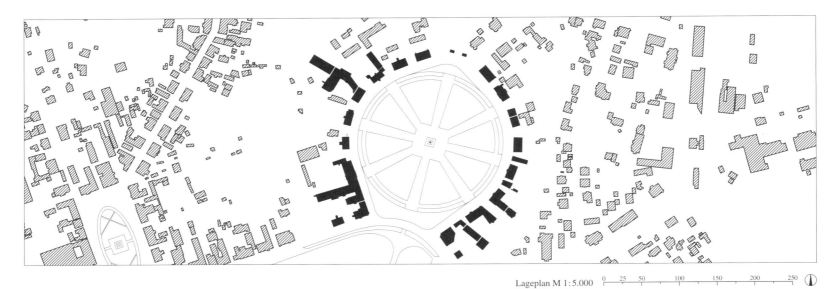

Lageplan M 1 : 5.000

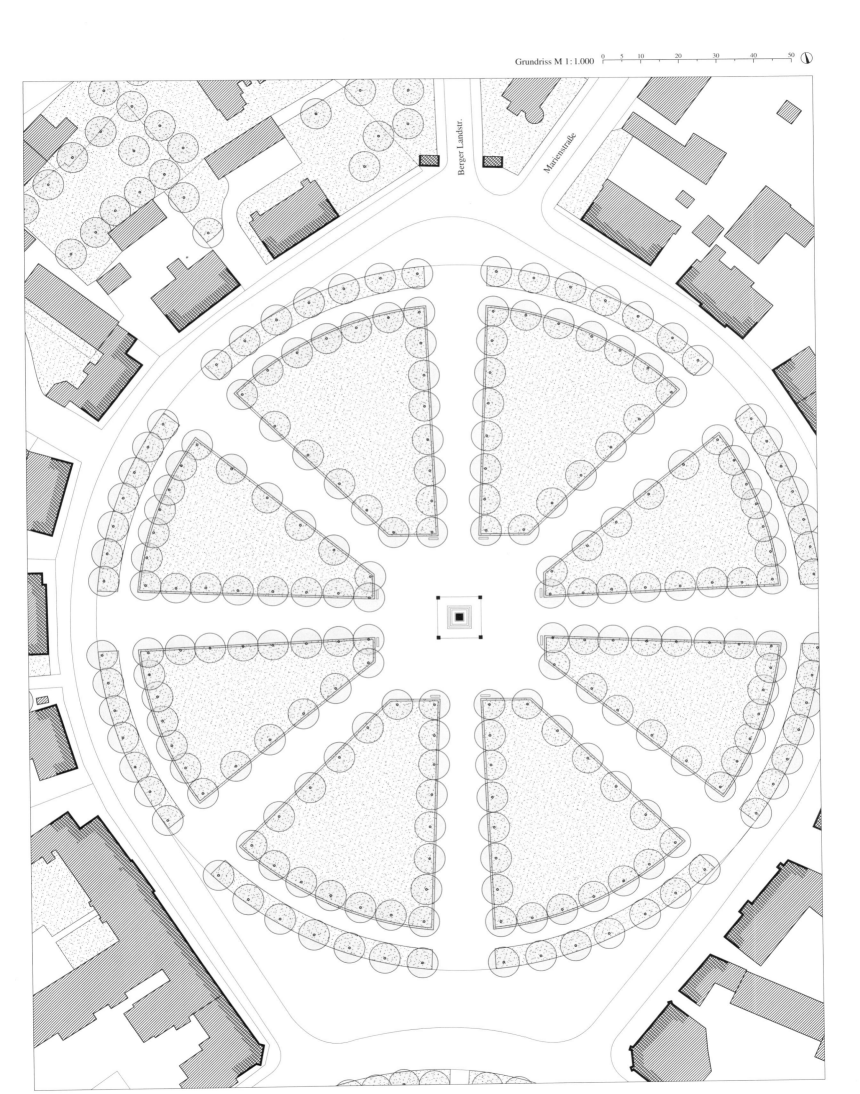

Grundriss M 1 : 1.000 0 5 10 20 30 40 50

Berger Landstr.

Marienstraße

REGENSBURG
HAIDPLATZ

In der Platzfolge Regensburgs stellt sich der Haidplatz als trichterförmiger Platz dar, in dessen Hauptblickrichtung man auf ein öffentliches Gebäude, die „Neue Waag" (2), schaut. Aus der Enge der Ludwigstraße kommend, wird der Platz an seinem Beginn an der Kreuzung Glockengasse durch einen sich in den Straßenraum hineinschiebenden mächtigen Treppengiebel (1) verengt. Diese Enge verstärken an dieser Stelle rechts und links an den Platzwänden in den sich öffnenden Platz hineinragende Erker, sie geben den dahinterliegenden Wohnräumen den Blick auf den Platz frei. Für das Auge erfährt dessen Geschlossenheit nur noch an seiner

südlichen Längsfassade durch das Zurücksetzen der Häuser an der Rote-Hahnen-Gasse eine Störung, bevor der Blick auf die 1441 von der Stadt erworbene „Neue Waag", das heutige Verwaltungsgericht, am Abschluss des Platzes fällt. Die zweite Öffnung an der Weingasse auf der Nordseite ist durch ein leichtes Zurücksetzen der Fassade des Thon-Dittmer-Palais in Blickrichtung auf den Platz zunächst nicht sichtbar. An der nördlichen Ecke (siehe Foto) verweist ein mächtiger Turm auf die Hauptwegerichtung zum Alten Rathaus. **Beispielhaft erweitert sich Regensburgs Straßenraum in Abständen von etwa 100 Metern zu öffentlichen Plätzen. Die Architektur der Häuser weist mit ihrer Fassadenhöhe oder dem Hineinschieben von Hausfassaden in den städtischen Raum beim Durchlaufen den Weg. Das Beispiel zeigt, wie sich mit dem Entwurf einer lang gezogenen Dreiecksform die den Platzraum einfassenden Längsfassaden auf ein öffentliches Gebäude ausrichten lassen.**

7,00

12,50

9,50

125,00

0   25   50   100   150   200   250

0   5   10   20   30   40   50

Donau

Domplatz

Kräutermarkt

Kohlen-markt

Rath-platz

Haid-platz

Arnulfs-platz

Neue-Waag-Gasse

Vor der Grieb

Neue Waag

Baumhackergasse

Thon-Dittmer-Palais

Weingasse

Justitiabrunnen

Rote-Hahnen-Gasse

Goldenes Kreuz

Krebsgasse

Am Römling

Glockengasse

Ludwigstraße

SCHWÄBISCH GMÜND MARKTPLATZ

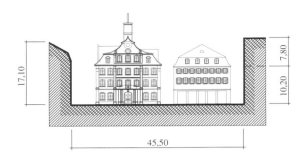

Der Marktplatz in Schwäbisch Gmünd erstreckt sich über eine Länge von mehr als 200 Metern und hat bei einer durchschnittlichen Breite von knapp 25 Metern eine fast straßenförmig längliche Form. Eine Aufweitung erfährt der Platz an der romanischen Johanniskirche, wo sich auch der Marktbrunnen befindet. Der Platz wird von auffällig vielen schmalen Gassen, die zwischen den ihn einfassenden Häusern liegen, erschlossen. Auffällig sind auch die Unterschiedlichkeit der Platzfassaden dieser Häuser und die aufgefächerte Fluchtlinie, mit der sie den Platz begleiten. **Für den städtebaulichen Entwurf beispielhaft** ist die Aufweitung des Platzes an seinen beiden Enden und die damit verbundene Anordnung von zwei öffentlichen Gebäuden. Das städtische Rathaus und das Heilig-Geist-Spital bilden die Kopfenden des Platzes. Besonders hervorzuheben ist, dass das Spital heute neben anderen öffentlichen Nutzungen ein Seniorenzentrum mit einer Wohnanlage für betreutes Wohnen und ein Altenpflegeheim umfasst und damit Vorbild für eine zeitgemäße, vorbildliche Nutzung im Zentrum von Schwäbisch Gmünd ist.

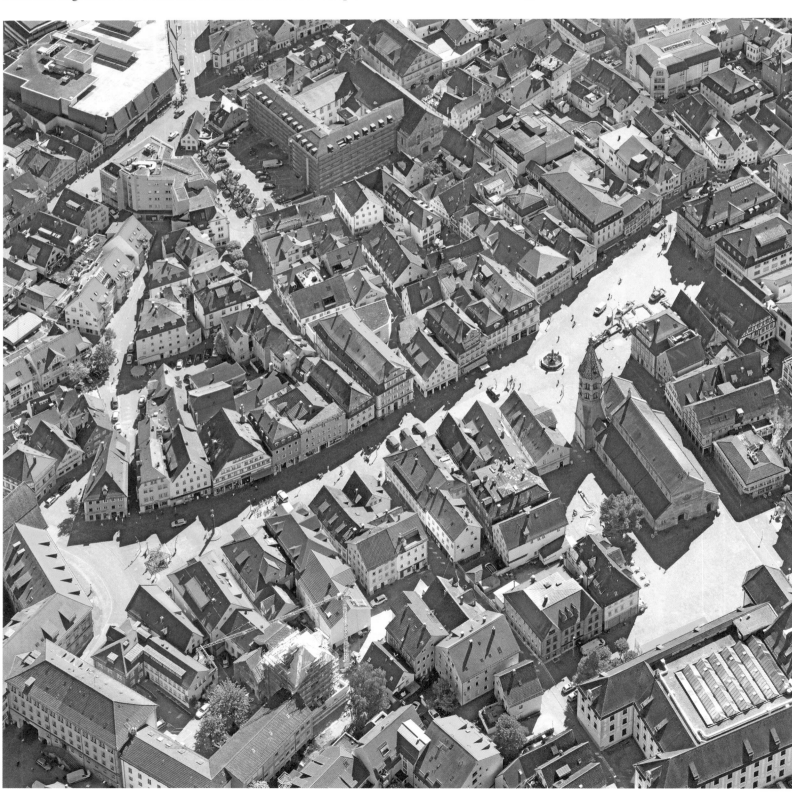

Schnitt und Grundriss M 1 : 1.000

Kornhausstraße

Hofstatt

Rathaus

Johanniskirche

Johannisplatz

Radgäßle

Marktgäßle

Marienbrunnen

Kronengäßle

Freudental

Postgasse

Mohrengäßle

Kriegerdenkmal

Mühlenbergle

Kappelgasse

125

STRALSUND
ALTER MARKT

Der Alte Markt wird von der gotischen Schaufassade des Rathauses und den Türmen von St. Nikolai dominiert. Mit einer Höhe von fast 30 Metern tritt vor allem die Rathausfassade in den Vordergrund des Platzes. **Die besondere Bedeutung des Alten Markts ist die Dominanz dieser sich in den Platzraum hineinschiebenden Ziegelfassade, die durch die Vertikalstruktur des Monumentalbaus und die geringe Höhe der sich anschließenden Häuser am Markt zum einzigartigen Symbol der Stadt geworden ist. Mit ihren drei Geschossen reichen die Hausfassaden des Platzes kaum an die Höhe** des massiven Rathaussockels mit dem darüberliegenden Löwenschen Saal heran. Der rechteckige geschlossene Platzraum wird von sechs Straßenzufahrten unterbrochen. Die Semlowerstraße öffnet sich fast platzartig auf der Ostseite des Alten Marktes, weil die sich anschließenden Häuser nach der Kriegszerstörung nicht wiederaufgebaut wurden. Ganz im Sinne der Dominanz des Rathauses weicht die im Osten an das Rathaus anschließende Gebäudezeile aus der Flucht zurück, um den Weg ins Rathaus freizumachen. **Ähnlich der Eingangssituation der Heiliggeistkirche in Heidelberg** (siehe Seite 94) **ist der Haupteingang der St.-Nikolai-Kirche in Stralsund stark eingeengt. Deshalb wurde im 18. Jahrhundert ein Portal (1) am Marktplatz errichtet, das einen direkten Zugang zum Kirchenraum darstellt.**

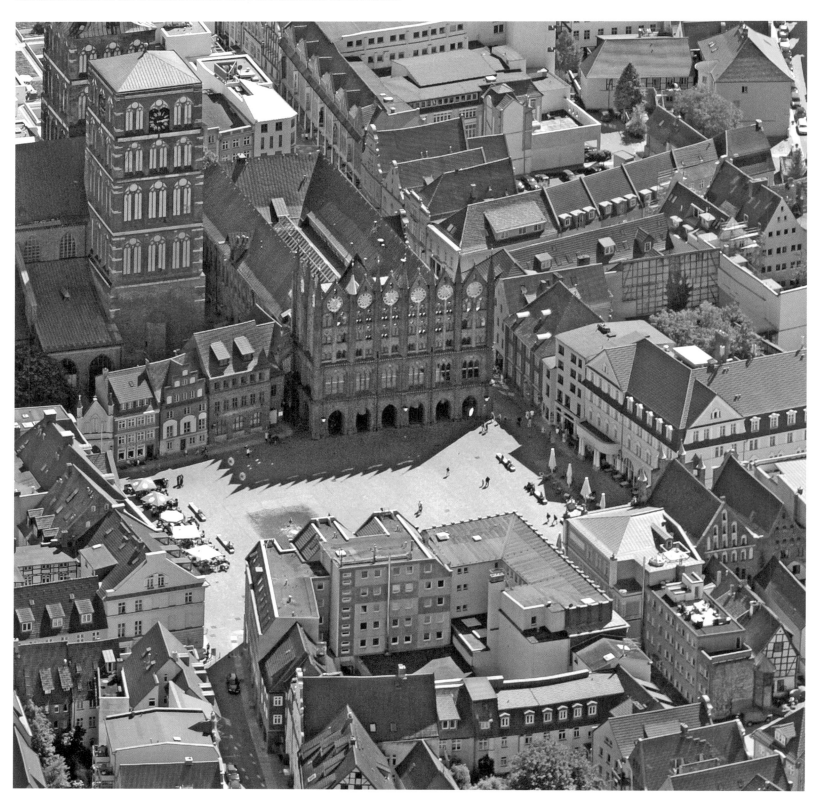

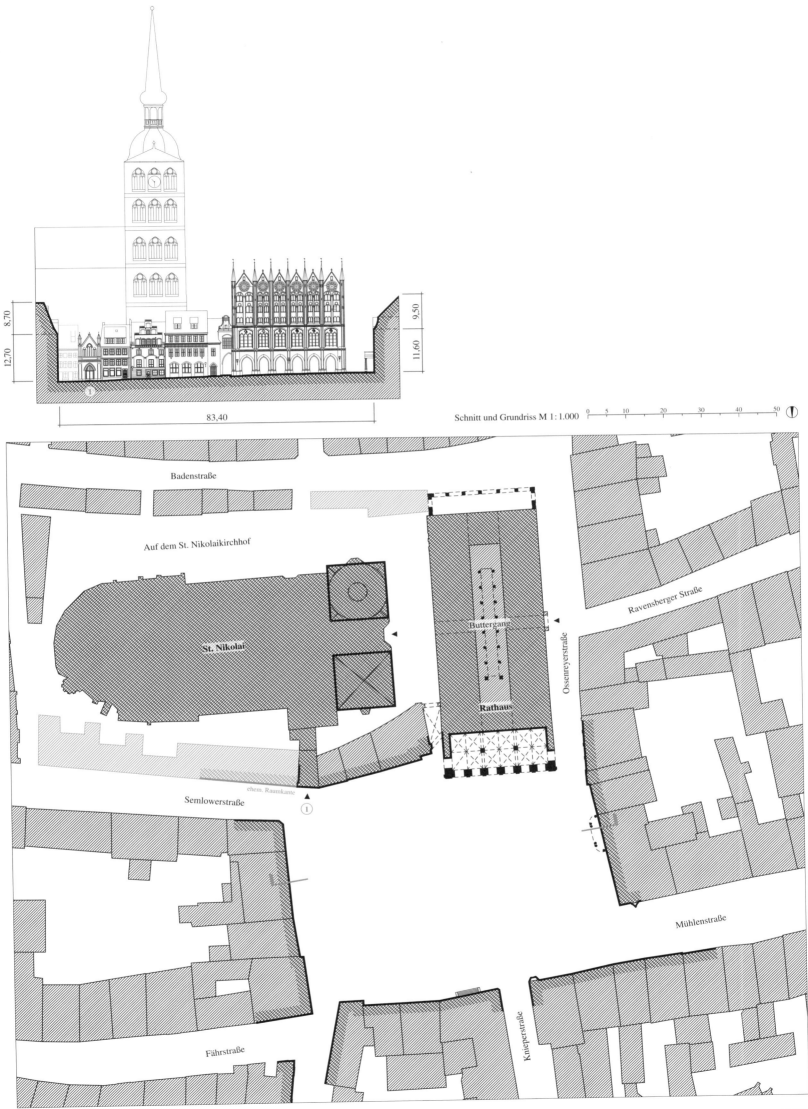

8,70

12,70

9,50

11,60

83,40

Schnitt und Grundriss M 1 : 1.000

0 5 10 20 30 40 50

Badenstraße

Auf dem St. Nikolaikirchhof

St. Nikolai

Buttergang

Rathaus

Ravensberger Straße

Ossenreyerstraße

ehem. Raumkante

Semlowerstraße

Mühlenstraße

Fährstraße

Knieperstraße

TRIER
HAUPTMARKT

Wer von der Porta Nigra zum Hauptmarkt kommt, gelangt auf einen trichterförmigen Platz, in dessen Hauptblickrichtung der 62 Meter hohe Turm die Marktkirche St. Gangolf dominiert. Ganz im Sinne von Camillo Sitte ist in der Hauptblickrichtung von den fünf in den Platz führenden Straßen nur die weiterführende Grabenstraße zu sehen. Die Geschlossenheit des Platzes entsteht durch das Vorziehen der Gebäudefluchten vor die einmündenden Straßen. Eckgebäude mit Arkaden im Erdgeschoss bedeuten dem Auge die Besonderheit der Straßenecksituation im städtischen Raum. Das in der Längsachse des Platzes fast mittig stehende Bauwerk, die „Steipe", diente bis ins 18. Jahrhundert hinein auch als Rathaus. Das Haus hatte als öffentliches Gebäude am Platz eine besondere Bedeutung, die in der Überhöhung mit dem steilen Schieferdach kenntlich wird. **Als Beispiel für den heutigen Städtebau aber ist das Barocktor (1) an der Nordseite des Hauptmarktes zu sehen. Zwischen den Bürgerhäusern stehend, setzt es sich durch seine besondere Gestaltung von den Nachbarbauwerken deutlich ab. Dieses Tor stellt den Hauptzugang zu der Stadtkirche St. Gangolf dar, die sich im Inneren des Blocks erhebt und komplett eingebaut ist. Die Nutzfläche von etwa 700 Quadratmetern verdeutlicht, wie Blockinnenflächen durch ein Torgebäude an den öffentlichen Raum angeschlossen werden können und der Stadt damit die Möglichkeit einer großflächigen Mischnutzung eröffnen.**

Schnitt und Grundriss M 1:1.000

0 5 10 20 30 40 50

Platz

Hof

Steipe

4,20

13,70

49,70

77,40

Pranger

Grabenstraße

St. Gangolf

Fleischstraße

Hof

Dietrichstraße

Steipe

Petrusbrunnen

Marktkreuz

Jakobstraße

Sternstraße

Domfreihof

Simeonstraße

Dom

129

TÜBINGEN MARKTPLATZ

Dieser dreieckige Platz stellt eines der kleinsten der in diesem Handbuch aufgeführten Beispiele dar. Zwei der drei Platzwände werden von giebelständigen Häusern eingefasst, die eine Breite von nur 10 bis 12 Meter haben. Die dritte Seite des Dreiecks nimmt das Rathaus ein, das ursprünglich eine offene Halle im Erdgeschoss hatte. Es ist das einzige traufständige Bauwerk am Platz, verfügt im Sinne der Repräsentation über einen verzierten Zwerchgiebel mit Turm und hat gegenüber den giebelständigen Häusern die doppelte Fassadenlänge. Alle Giebelhäuser sind auf das Rathaus ausgerichtet und verweisen damit auf seine Bedeutung am Platz. **Dies ist ein schönes Beispiel für den städtebaulichen Entwurf eines kleinen Quartiersplatzes in Dreiecksform, dem ein öffentliches Gebäude zugeordnet ist.**

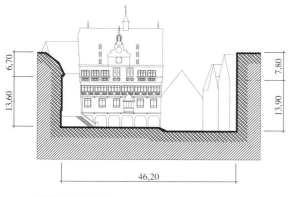

SCHNITT AA

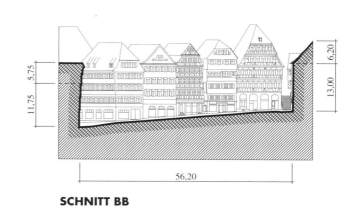

SCHNITT BB

Schnitt und Grundriss M 1 : 1.000

WANGEN
MARKTPLATZ

Umstanden von öffentlichen Gebäuden, stellt der Wangener Markt-platz einen weiteren der kleinsten Platzräume in diesem Handbuch dar. Dominiert wird er von der Barockfassade des alten Rathauses. Das Bauwerk schiebt sich in den Platzraum hinein und trennt ihn vom tiefer gelegenen Postplatz. Verbindung finden die beiden Plätze nur über ein altes Stadttor, den Pfaffenturm, der an das Rathaus angebaut ist. In seiner Größe ist der Marktplatz vergleichbar mit dem Bismarck-platz in Lindau (siehe Seite 102). Auch dort trennt das Rathaus eine Platzfolge. **Am Marktplatz in Wangen lassen sich auf engem Raum**

unterschiedlichste Stadträume ablesen, die in ihrer Hauptachse jeweils von dominanten Bauwerken begrenzt werden. So schiebt das z-förmige zweiteilige Bauwerk des Rathauses seinen rück-wärtigen Giebel als „Waaghaus" in den Postplatz hinein, während die barocke Frontseite den Marktplatz dominiert. Die Form des Bauwerks entwickelt sich also aus der Raumfolge Postplatz und Marktplatz und zeigt damit exemplarisch, wie solitäre Gebäude-formen sich städtischen Räumen unterordnen können. Darüber hinaus werden die sich an den Marktplatz anschließenden Straßen-räume, die Paradiesstraße und die Herrenstraße, von bemalten Tor-türmen abgeschlossen.

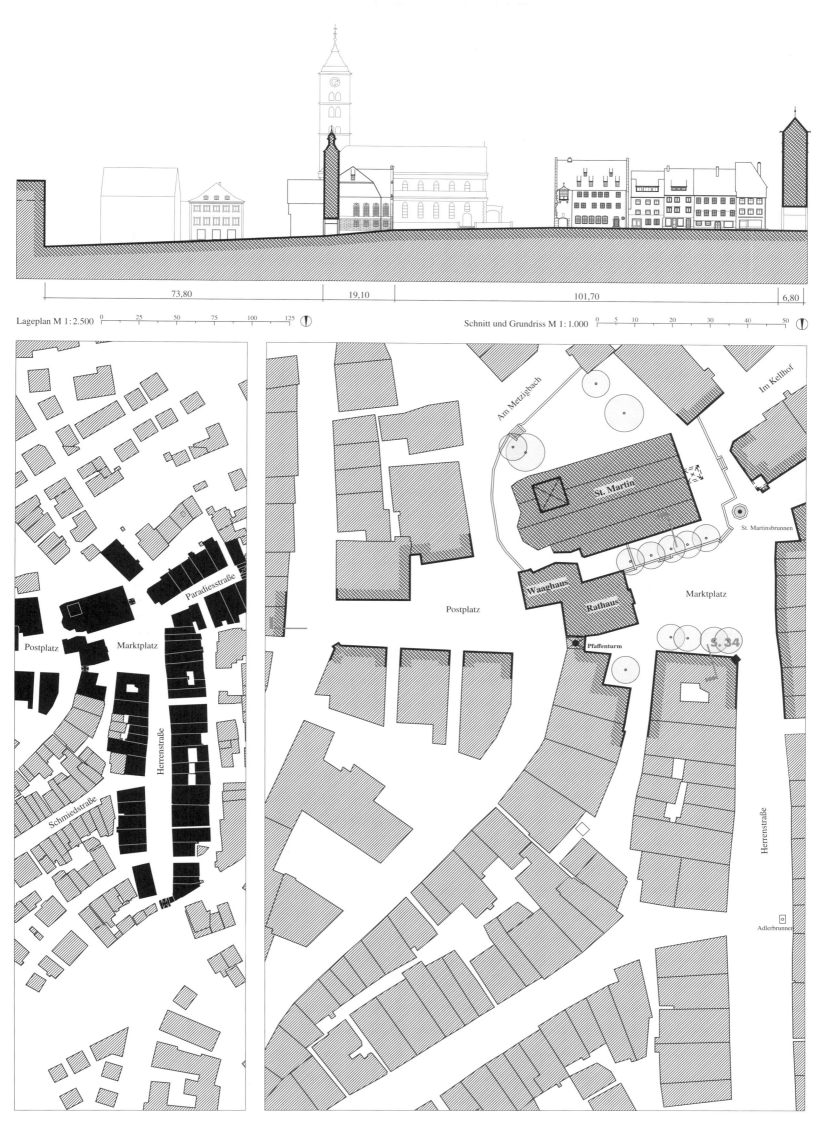

Lageplan M 1:2.500 0 25 50 75 100 125

Schnitt und Grundriss M 1:1.000 0 5 10 20 30 40 50

73,80   19,10   101,70   6,80

Paradiesstraße

Postplatz   Marktplatz

Herrenstraße

Schmiedstraße

Am Metzigbach   Im Kellhof

St. Martin

St. Martinsbrunnen

Postplatz

Waaghaus   Rathaus   Marktplatz

Pfaffenturm

S. 34

Herrenstraße

Adlerbrunnen

WARENDORF
MARKTPLATZ

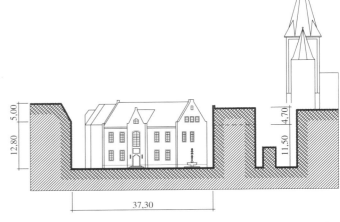

Fast beiläufig steht das Rathaus in Warendorf am malerischen Marktplatz. Betrachtet man den Platzgrundriss, würde man es eigentlich am südlichen Kopfende vermuten. **Als öffentliches Gebäude steht das Rathaus schräg zum rechteckigen Marktplatz und bildet in seiner Verdrehung den Übergang zum Kirchplatz der St. Laurentiuskirche. Diese städtebauliche Situation stellt neben den Rathäusern in Alsfeld, Lindau und Wangen ein weiteres Beispiel für ein trennendes öffentliches Bauwerk zwischen zwei Platzräumen dar.** Wie am Markt in Tübingen weist das Rathaus in Warendorf als einziges traufständiges Gebäude mit Mittelrisalit die längste Fassade im Platzraum auf. Seine Bedeutung wird durch einen vorgesetzten Giebel zusätzlich hervorgehoben.

Emsstraße

Kirchstraße

Fleischhauerstraße

Rathaus

Im Ort

St. Laurentius

Marktsträßchen

WEIMAR MARKTPLATZ

Der fast 70 Meter breite quadratische Platz ist von niedrigen dreigeschossigen Häusern umstanden, die Weimar mit seinen knapp 70.000 Einwohnern als kleine Stadt charakterisieren. Dominiert wird der Platzraum vom Rathaus, das durch einen vorgelagerten Portikus und einen kleinen Turm als öffentliches Gebäude definiert ist. **Der Marktplatz Weimars ist als Beispiel für die Geschlossenheit und den Charakter eines Platzraums aufgeführt. Obwohl die Raumwände von fünf Straßeneinführungen zerschnitten sind, endet der Blick vom Platz aus schon nach wenigen Metern auf den Fassaden** der dahinterliegenden Straßen. Dies gilt auch für den sehr breiten Platzausgang gegenüber dem Rathaus zum Platz der Demokratie hin. Im Vergleich mit dem zehn Meter schmaleren Lichtenbergplatz in Hannover wird die Geschlossenheit des Weimarer Marktplatzes einmal mehr deutlich (siehe Seite 29). Was vielleicht noch wichtiger ist: **Der Vergleich demonstriert auch, dass ein größerer Platz wie der Weimarer Marktplatz nicht unbedingt durch seine Größe auch großstädtischer wirkt, sondern dass dieser Punkt ganz wesentlich vom Charakter der Platzfassaden der ihn umstehenden Häuser abhängt.** Damit zeigt sich einmal mehr, dass die Planung eines Stadtraums im Zusammenspiel mit der dazugehörigen Architektur entwickelt werden muss.

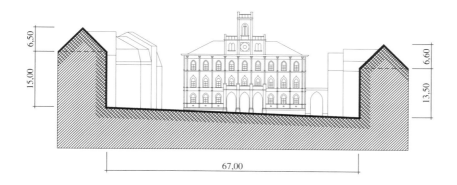

6,50
15,00
6,60
13,50

67,00

Schnitt und Grundriss M 1 : 1.000

0 5 10 20 30 40 50

Schlossgasse

Burgplatz

Stadtschloss Weimar

Grüner Markt

Kaufstraße

Neptunbrunnen

Kollegiengasse

Rathaus

Windischenstraße

Park an der Ilm

Markt

chem. Raumkante

Hotel Elephant

Frauentorstraße

Carl-August-Denkmal

Platz der Demokratie

Fürstenhaus

WISMAR
MARKT

Der Größenvergleich mittelalterlicher Plätze in Deutschland zeigt, dass der Wismarer Markt mit seiner Fläche von 104 × 104 Meter einer der größten Marktplätze seiner Zeit ist. Das ursprüngliche Rathaus hatte eine offene Erdgeschosshalle, wie sie heute noch in Stralsund oder in Lübeck zu sehen ist, und war mit seinen mächtigen Pfeilern frei in die Platzfläche hineingestellt. Die Raumwirkung mit dem Blick durch diese Halle muss für die Zeitgenossen von prächtiger Erhabenheit gewesen sein. Dieses Bild ist leider mit dem 1817 errichteten klassizistischen Rathausbau verloren gegangen. **Die Besonderheit des** Platzes für den städtebaulichen Entwurf ist seine Erschließung. Der Platzraum öffnet sich, ähnlich dem Marktplatz in Weimar (siehe Seite 136), an seinen vier Raumecken in die Stadt hinein. Der Blick wird dort aber von meist giebelständigen Häusern begrenzt, die sich in zweiter Reihe in die Öffnungen des Platzes hineinschieben. Die Häuser gehören zu Straßen, die den Rathausplatz in zweiter Reihe unmittelbar umgeben: Hegede, Diebstraße, Hinter dem Rathaus. Die Mecklenburger Straße und die Großschmiedestraße tangieren den Platz an seiner Südostecke hinter dem Brunnen des Platzes, der „Wasserkunst", und schließen die überdimensionierte Öffnung des Platzes auch an dieser Stelle (1). Der Blick an der südwestlichen Öffnung zur Sargmacherstraße hin (2) wird in ähnlicher Weise durch ein Eckhaus verschlossen. Über diesem Eckhaus weist der Turm der zerstörten Marienkirche (3) den Weg in den Westen der Stadt.

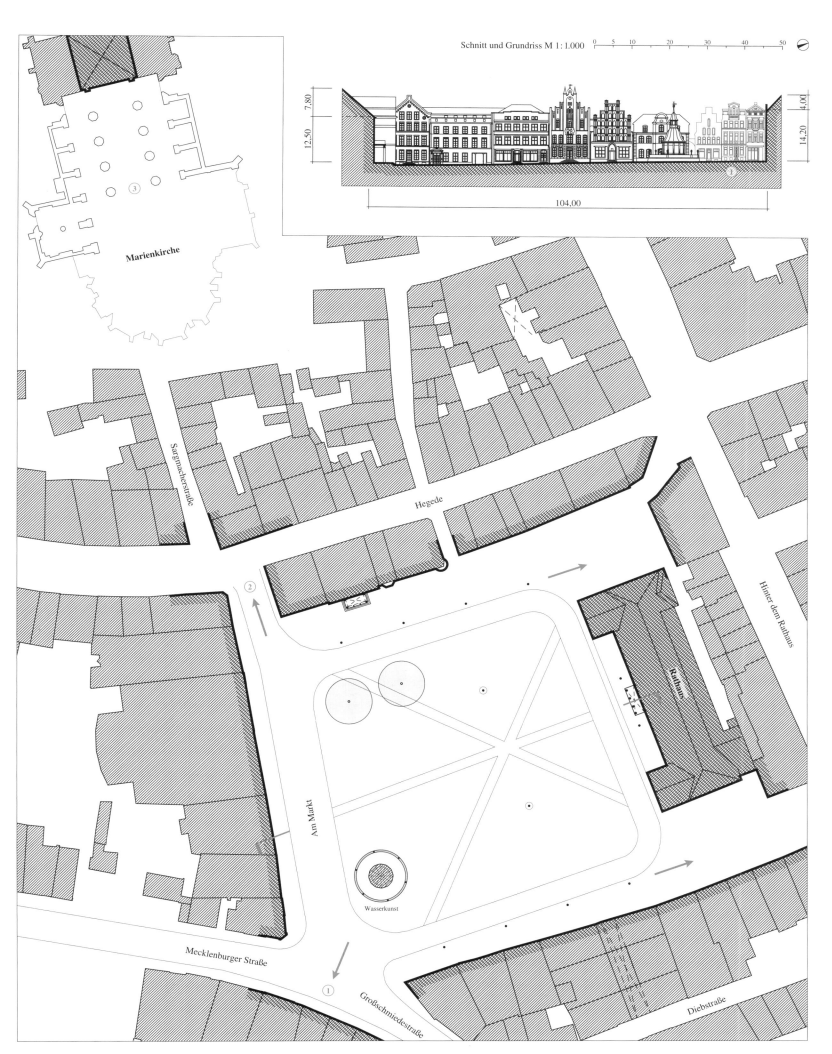

Marienkirche

Schnitt und Grundriss M 1:1.000

7,80
12,50
104,00
14,20
4,00

Sargmacherstraße

Hegede

Hinter dem Rathaus

Rathaus

Am Markt

Wasserkunst

Mecklenburger Straße

Großschmiedestraße

Diebstraße

139

WUPPERTAL
JOHANNES-RAU-PLATZ

Der 1923 entstandene Wuppertaler Rathausvorplatz ist einer von den im 20. Jahrhundert errichteten Platzräumen. Der Platz wird auf drei Seiten vom viergeschossigen Rathausgebäude umschlossen. Er bietet einen repräsentativen Vorplatz, an dessen Mitte ein dem Verwaltungsbau vorgelagertes Eingangsportal liegt. **Dieser Rathausplatz ist ein städtebauliches Beispiel für ein sich in den Stadtraum hinein öffnendes öffentliches Gebäude. Er zeigt exemplarisch, wie die Architektur eines Bauwerks sich mit seiner städtischen Umgebung vernetzen kann. Straßenverläufe wie der der Zwinglistraße oder** der Wegnerstraße werden nicht gekappt, sondern überqueren den Platz über zweigeschossige Durchfahrten. Als weiteres das Bauwerk mit seiner Umgebung verbindendes Element sind in den Erdgeschossen der beiden Rathaus-Seitenflügel Flächen für Ladenlokale untergebracht. Mit Gebäudeflügeln, die kleine Höfe umschließen, ist das Rathaus auf seiner dem Platz abgewandten Seite an die Nachbarbebauung angebunden. Der Platz selbst wird von einer umlaufenden Arkade umschlossen. Wie bei fast allen Beispielen muss man von der Architektur der Entstehungszeit abstrahieren, um den funktionalen, aber auch stadträumlichen Mehrwert einer derartigen städtebaulichen Anlage zu erkennen.

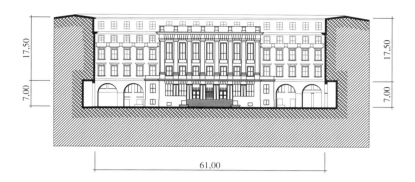

17.50 7.00 17.50 7.00

61,00

Schnitt und Grundriss M 1:1.000   0 5 10   20   30   40   50

Heubruch

Zwinglistraße

Rollingswerth

Lindenstraße

Rathaus Barmen

Wegnerstraße

Werth

Concordienstraße

Brunnen „Das Tal der Wupper"

ARKADEN
Höhe × Breite 6,55 × 2,30 Meter

WUPPERTAL
JOHANNES-RAU-PLATZ

Die Arkade am Johannes-Rau-Platz nutzt das gesamte architektonische Instrumentarium, um aus dieser öffentlichen Anlage einen eigenen städtischen Raum zu formen. Die etwas tiefer gesetzten Schaufenster ruhen auf niedrigen Sockeln und werden in rhythmischen Abständen von Wandpfeilern gegliedert. Diese tragen einen steinernen Sturz, der das Erdgeschoss von einem darüberliegenden Mezzaningeschoss trennt und den Raum auf fast das Dreifache seiner Breite, die mit 2,30 Meter ungewöhnlich schmal bemessen ist, erhöht. Die geringe Breite des Arkadenraums besitzt den Vorteil, dass die Schaufenster stärker in den Platz hinein geöffnet werden. Abgeschlossen wird der Arkadenraum mit einer Kassettendecke, deren tief liegende Felder farblich abgesetzt sind. **Die Beschaffenheit der steinernen Oberflächen, die Verzierung der einzelnen architektonischen Fassadenelemente und deren strukturelle Tiefe geben dem Raum eine angenehm zeitlose Selbstverständlichkeit. In seiner Offenheit und geringen Tiefe wird der Arkadenraum Teil des öffentlichen Platzes.**

Ansicht, Schnitt und Grundriss M 1:100

0　1　2　3　4　5

6,55

6,40

2,30

2,30

1,65　　5,25　　1,65　　5,25　　1,65

6,90　　　　　6,90

MIRJAM SCHMIDT

DIE STÄDTISCHE ARKADE

Architektur manifestiert sich an der Schnittstelle zwischen innen und außen, zwischen öffentlich und privat. Sie handelt daher nicht nur von Gebäuden und ihrer Gestaltung, sondern auch davon, wie Gebäude und Stadtraum zueinander in Beziehung treten. Architektur stellt die Frage nach Grenzen und Übergängen, den Zwischenräumen, die dieses Verhältnis in gebauter Weise definieren. Bestimmt werden diese Zwischenräume im Wesentlichen durch die sie begrenzenden Elemente, also ihre Dimension, ihre Anordnung und ihre Art sowie die Öffnungen in und zwischen den Elementen, die den Grad der Beziehung zum Stadtraum, die Beziehung zwischen innen und außen beschreiben. Wesentlich ist, wie dieser Zwischenraum gestaltet ist, damit ein Gebäude mit seiner Umgebung in Dialog treten kann. Gefragt ist eine Architektur, die diesen Übergang ermöglicht und die verschiedene räumliche Intensitäten staffelt, damit ein Gebäude zum Bestandteil des Stadtraums wird.

Die Arkade ebenso wie die Kolonnade und die Laube, die aus der Überlagerung von Innen- und Außenraum hervorgehen, lassen einen solchen Zwischenraum entstehen, der geschützten Aufenthalt im Freien ermöglicht und erlaubt, Funktionen des Gebäudeinneren sowohl in den Arkadenraum als auch in den öffentlichen Straßenraum zum Gebäude hin auszudehnen. Dem Haus vorgelagert, gehört die Arkade weder zur Straße noch zum Platz, sondern konstituiert sich im Verhältnis zwischen Öffentlichkeit und Privatheit. Dieser Übergangsraum, der weder ganz drinnen noch ganz draußen ist und das Innere mit dem Äußeren verbindet, wird meist nur unbewusst wahrgenommen. Man befindet sich also in einem Schwellenbereich, in dem man vom einen zum anderen übergeht – in einem „Dazwischen". (Abb. 1)

In Städten mit arkadengesäumten Straßen und Plätzen erscheinen die Straßenfronten wie von einer durchlässigen, porösen Schicht überzogen, die eine Durchdringung von außen und innen erlaubt. Diese Wechselwirkung von räumlicher Dichte und Durchlässigkeit, Geschlossenheit und Offenheit, Enge und Weite, Distanz und Nähe ist es, die darüber entscheidet, ob Menschen im Stadtraum miteinander in Beziehung treten können und ob Urbanität überhaupt entsteht. Richard Sennett beschreibt, dass räumliche Nähe allein nicht genügt, damit Beziehungen möglich werden, sondern dass Durchlässigkeit, also die durchlässige Ausgestaltung der Grenzen für Urbanität, maßgebend ist.[1] Im Gegensatz zur abweisenden Haltung von Gebäuden mit glatten, oft undurchsichtigen oder verspiegelten Fassaden weist eine poröse Gestaltung Öffnungen auf, die visuellen und physischen Kontakt erlauben und Übergangszonen entstehen lassen, die zu vielfältigen Beziehungen einladen. (Abb. 2)

Meist betrachtet man ein Gebäude von außen, geht um es herum oder läuft an ihm vorüber. Eine andere Perspektive ist der Blick vom Gebäude nach draußen, in den Stadtraum. Entscheidend für das Erleben des Arkadenraums ist der Wechsel von Standorten und Perspektiven, das Vorübergehen oder auch sein Durchqueren. Während der Raum unter der Arkade vom Straßenraum aus gesehen fast wie eine Art vorgelagerter Innenraum erscheint, öffnet sich das Haus über den Arkadenraum von innen betrachtet dem öffentlichen Leben der Stadt. (Abb. 3) Auch wird der Passant von außen als immerfort Verschwindender und Wiedererscheinender wahrgenommen, während für den, der durch die Arkade schreitet, der Stadtraum gleichermaßen verschwindet und wieder erscheint. Man bewegt sich also an einer Grenze zwischen innen und außen und kann jederzeit zur einen Seite in den Stadtraum hinaus- oder zur anderen Seite in das Gebäude hineintreten.

Im Durchqueren spürt man diese Schnittstelle mehr, als dass sie kognitiv verstanden wird. Zudem drückt sich in der Art, wie wir uns bewegen, etwas von ihrer Atmosphäre aus. Der Schwung des Arkadenbogens sowie die regelmäßige Reihung der Stützen verleihen dem Gehen einen Rhythmus, der einen auch die Schritte anpassen lässt. Durchquert man die Arkade als distanzschaffende, durchlässige Raumschicht auf dem Weg von innen nach außen oder umgekehrt, beeinflusst sie als Umschaltzone die Art des Übertritts. Während

Abb. 1 **AMBROGIO LORENZETTI** Ausschnitt aus dem Freskenzyklus „Die gute und schlechte Regierung" 1338 / 39; Siena, Palazzo Pubblico, Sala della Pace

Abb. 2 **MÜNSTER** Prinzipalmarkt

weit offene Arkaden ein Durchqueren erleichtern, scheinen gedrungene Lauben mit dicken Pfeilern die Schritte nach innen zu verlangsamen. So war die früheste Form der Arkade – die Kolonnade des Tempels – zunächst nicht für den Alltagsgebrauch bestimmt, sondern Mittel der räumlichen Distanzierung.

Parallel zu dieser Entwicklung entstanden wettergeschützte Säulenhallen und Vordächer, die dem Unterstellen von Verkaufsständen unter ein schützendes Dach dienten. In dieser Tradition stehend, hatten Arkaden, von denen Bernard Rudofsky sagt, sie seien „zu Architektur gewordener Altruismus"[2], zunächst die Funktion einer Erweiterung der Verkaufsflächen in den öffentlichen Raum. Lauben, wie die Arkaden in der Berner Altstadt genannt werden, entwickelten sich somit aus einfachen eingeschossigen Buden, die zur Marktzeit vor den Hausfassaden auf öffentlichem Boden errichtet werden durften. Nachdem ein Großteil der Altstadt von Bern 1405 abgebrannt war, entschied man sich, die Stadt nicht mit Holz, sondern in Stein wiederzuerrichten und auch die gedeckten Vorplätze in massiver Bauweise zu überbauen. Der Boden, auf dem die Lauben entstanden, blieb jedoch zunächst im öffentlichen Besitz, also Teil der Straße, wodurch sich das allgemeine Durchgangsrecht der Öffentlichkeit sowie weitgehende Vorschriften zur Ausgestaltung der Laube erklären lassen. Erst Ende des 19. Jahrhunderts wurde der Boden unter den Lauben stillschweigend als Privateigentum betrachtet.

Im Volksmund werden die Lauben der vier Hauptgassen Berns, der Spital-, Markt-, Kram- und Gerechtigkeitsgasse, auch als „Rohr" bezeichnet, da sie parallel zur Gasse fast ohne Unterbrechung durch die gesamte Innenstadt führen und durch eine kräftige Ausformung der „Rohr"-Wandungen bestimmt werden. (Abb. 4) Bei größtmöglicher Detailvariation der Lauben ist die Ausformung der raumbegrenzenden Teile stets verwandt und das „Rohr" durch das konstante Verhältnis 1 : 1 von Breite zu Höhe der Laubenquerschnitte geprägt. Entscheidend aber ist, dass die innere Laubenfront weiterhin als Fassadenfront formuliert ist, das heißt, sie wird durch kunstvolle Portaleinfassungen, großzügige Werkstatt- und Schaufenster oder eingesetzte Einzelöffnungen zur Belichtung der Wohnräume detailliert. Deutlich wird an dieser Stelle der ambivalente Charakter des Laubenraums, denn er gehört sowohl zum Straßenraum, von dem er abgetrennt worden ist, als auch zum Haus, dem er einverleibt wurde. Es sind nur Nuancen, die das Gleichgewicht einer Zugehörigkeit herstellen, die zwischen öffentlich und privat, innen und außen, Haus und Laube trennen. Ist etwa die innere Laubenfront stark geschlossen, scheint die Laube eher dem Straßenraum zugeordnet. Ist sie dagegen durch große Schaufenster weit geöffnet, ist die Laube mehr Bestandteil des Hauses.

In ganz Italien ist eindrucksvoll zu erleben, welche Bedeutung der Straße beigemessen wird und welches Talent man hier besitzt, den Straßen und Plätzen Attraktivität zu verleihen. Schön gestaltete

DIE STÄDTISCHE ARKADE

Abb. 3 **VIGEVANO** Piazza Ducale

Abb. 6 **TURIN** Arkade Piazza Statuto

Abb. 4 **BERN** Laubengang in der Altstadt

Abb. 5 **BOLOGNA** Arkade

Straßen- und Platzräume sind für alle, die sich auf ihnen einfinden, selbst bereits Grund genug, den Alltag zur Gelegenheit von Selbstdarstellung zu machen. Arkaden unterstreichen den Bühnencharakter der Plätze und einmündenden Straßen, indem sie zur Kulisse für das städtische Leben werden. Wird die Arkade gebraucht, dann wird sie zur Bühne für Stadtbewohner und Touristen, Spieler und Zuschauer finden unter ihr in einem Geschehen zusammen. Umgekehrt erleben wir Architektur dadurch szenisch, dass wir Akteure und Zuschauer zugleich sind.[3]

Die Arkadenstadt par excellence ist Bologna, deren Arkaden aus den Kreuz- und Bogengängen der vielen dort zerstreut angesiedelten Klöster entstanden sind, wo sie die innere Hoferschließung bildeten und von innen nach außen in den Straßenraum übertragen wurden. Da die Stadt rund 40 Kilometer an Arkaden bietet, bleiben die Bewohner und Besucher meistens trocken, auch wenn es wie aus Kübeln schüttet. Im Sommer ist es im Schatten der Bögen angenehm kühl. (Abb. 5) Der längste Bogengang der Welt führt hoch zur Kirche San Luca; von dort aus blickt man über die Dächer der Stadt. Am späten Nachmittag und in den frühen Abendstunden spazieren große Menschenmengen unter der größten Arkade gegenüber dem Dom hin und her, man trifft Freunde und Bekannte, pflegt Beziehungen, tauscht sich aus, beobachtet und wird beobachtet. Die räumliche Fassung der Arkade ermöglicht Austausch und Begegnung, fördert städtisches Leben, Urbanität. Sie ist ein lebendiger öffentlicher Ort, an dem das städtische Leben kulminiert.

Umgekehrt bieten Arkaden aber auch einen vergleichsweise intimen Ort innerhalb der städtischen Öffentlichkeit. Ihre Form, ihre absolute Höhe, der Grad ihrer Öffnung, aber auch der Grad und die Form des Abschlusses zum Straßenraum, das alles hat Einfluss auf den bergenden Charakter der Arkade. Sie wirkt als Filter für Eindrücke und Geräusche, ihre Akustik zwingt zur Dämpfung der Lautstärke, so dass sie auch Rückzugsort und Schutzraum sein kann. Anlässlich seines Turin-Aufenthalts 1888 lobte Friedrich Nietzsche die Möglichkeit, inmitten der Großstadt Ruhe zu finden und berichtete seinem Freund Franz Overbeck, dass man hier „halbe Stunden in einem Athem durch hohe Bogengänge gehen (kann). Die Stille ist hier noch die Regel."[4] Dieselben Arkaden mag er im Sinn gehabt haben, als er in der „Fröhlichen Wissenschaft" unter dem Titel „Architektur der Erkennenden" schrieb: „Was vor allem unseren großen Städten fehlt: stille und weite, weitgedehnte Orte zum Nachdenken, Orte mit hochräumigen

Abb. 7 **GIORGIO DE CHIRICO** Geheimnis und Melancholie einer Straße, 1914

Abb. 8 **PARIS** Blick auf die Tuilerien-Gärten und die Rue de Rivoli

langen Hallengängen für schlechtes Wetter, wohin kein Geräusch der Wagen und der Ausrufer dringt und wo ein feiner Anstand selbst dem Priester das laute Beten untersagen würde: Bauwerke und Anlagen, welche als Ganzes die Erhabenheit des Sich-Besinnens und Beiseitegehens ausdrücken."[5] Noch heute gibt es solche Ruheorte, etwa die Arkadengänge eines Klosters, deren Durchschreiten eine meditative Komponente haben kann. In ihnen findet man Abstand vom Trubel der Außenwelt und kann in Gedanken versunken unter den Bögen wandeln.

Die Beschreibungen Nietzsches, aber auch das Spektrum der unterschiedlichen Lichtverhältnisse (Abb. 6) – vom hellen Tageslicht der Straße zur schattigen Zone innerhalb der Arkade und der stete Wechsel von Licht und Schatten im Rhythmus der Pfeiler – haben Giorgio de Chirico zu seinen traumähnlichen Stadtansichten inspiriert, jener *pittura metafisica*, in der Arkaden als Rahmenmotive der Straßen und Plätze auf die flächenhafte Kulisse reduziert werden. In seiner Serie der Melancholie-Bilder von 1913/14 zeigt sich seine Faszination für die Arkade, eine Form, die nach de Chirico nicht endgültig ist, Vorahnung erzeugt und zum langsamen Voran- und Zurückschreiten einlädt, wodurch sie eine gewisse Zeitlosigkeit suggeriert.[6] (Abb. 7) „Unter inhaltlichem Aspekt liefern de Chiricos Bilder der genannten Periode einen aufschlussreichen Kommentar zur Krise der modernen Stadt, der er über das Motiv der Arkade, metaphysisch verschlüsselt, rätselhaft verzerrte Bilder der historischen Stadt entgegenhält."[7]

In städtebaulicher Hinsicht grundlegend ist der bindende oder verbindende Charakter von Arkaden und Kolonnaden. Werner

Hegemann und Elbert Peets schreiben in „The American Vitruvius. An Architects' Handbook of Civic Art" (1922)[8] über den Zwiespalt, die Individualität von Einzelhäusern und ihren praktischen Nutzen mit dem Wunsch nach Harmonie und Einheitlichkeit im Straßenraum zu vereinen. Durch Arkaden und Kolonnaden, für die im Handbuch der Stadtbaukunst zahlreiche Beispiele genannt werden, ist es möglich, verschiedene Häuser über das einzelne Haus hinweg in der Erdgeschosszone zusammenzubinden, ohne ihre individuelle Ausprägung in den oberen Geschossen zu behindern.

Neben Arkaden und Laubengängen, die aus kleinteiligen Besitzverhältnissen in einer langjährigen Entwicklung hervorgegangen sind, gibt es Arkadenstraßen, die als Element der großmaßstäblichen Stadterweiterung oder Stadterneuerung zu verstehen sind.

So etwa in Paris, das bis heute die Spuren des bau- und abrisswütigen Kaisers Napoleon III. trägt. Ihm ging es nicht allein um Machtdemonstration, sondern um den festen Plan, aus einer revolutionsgebeutelten Stadt eine funktionsfähigere und gesündere zu machen. Eines der größten Projekte im Rahmen dieser städtebaulichen Maßnahmen war der Ausbau der Rue de Rivoli als Ost-West-Achse, bei der sich Napoleon III. von Arkaden inspirieren ließ, die er in Norditalien gesehen hatte. Wie wichtig ihm die einheitliche Gestaltung der Arkadenstraße in der Nähe der Tuilerien war, zeigt, dass die zuvor enteigneten Grundstücke entlang der Straße nur mit vorgegebenen Fassadenplänen verkauft wurden und mit weitreichenden Gestaltungsvorschriften versehen waren: So mussten die Fassaden mit Naturstein verkleidet werden, der offene Arkadengang sollte eine Tiefe von 3,24 Meter aufweisen, Lärm

DIE STÄDTISCHE ARKADE

Abb. 9 **FRIEDRICH WEINBRENNER** Lange Straße in Karlsruhe

Abb. 10 **BERN** Laubengang an der Kramgasse

verursachende Betriebe wurden ausgeschlossen und Reklametafeln verboten. Jedoch waren die baulichen Auflagen so groß, dass die private Wirtschaft nicht so recht auf das Projekt ansprach und der Bauprozess nur äußerst mühsam in Gang kam. Erst durch Steuerbefreiungen für Investoren und staatliche Subventionen konnte die Rue de Rivoli auf einer Länge von 90 Metern errichtet werden. Die Arkaden wurden schließlich durch die Regierung gebaut, ohne dass man schon einen Käufer für das jeweilige Grundstück gefunden hatte. (Abb. 8) Noch heute ist in diesem ersten Teilstück das geschlossene Stadtbild mit einer horizontalen Fassadengliederung als durchgängige Gestaltungsidee vorhanden. In der sich anschließenden Bebauung jedoch konnte der Gestaltungsanspruch des autoritär regierenden Kaisers nicht mehr umgesetzt werden; die Bauparzellen wurden vertikal aufgeteilt und einzeln bebaut.

Um 1800 plante Friedrich Weinbrenner die Umwandlung der fürstlich-absolutistischen Idealstadt Karlsruhe in eine moderne, bereits bürgerlich geprägte Residenzstadt. Mit seinem Entwurf für die Lange Straße von 1806/07 wollte er die Unregelmäßigkeit der bestehenden Bebauung durch die Errichtung gleichförmiger Arkadenreihen vor den dahinter liegenden Häuserfronten kaschieren. (Abb. 9) Zugleich lagen dem ästhetischen Gestaltungsprinzip ökonomische Erwägungen der optimalen Flächenausnutzung zugrunde, denn die dreigeschossige einheitliche Arkadenflucht als Begrenzung des Straßenraums sollte Neu- oder Umbauten entlang der Straße ermöglichen, ohne das ästhetische Ordnungsgefüge zu beeinträchtigen.

In Hamburg wurden im Rahmen von Umplanungen nach dem großen Stadtbrand von 1842 die Alsterarkaden errichtet, die rein funktional Verkaufsflächen aufnehmen, aber auch nach dem Vorbild Venedigs das Bild einer See- und Hafenstadt evozieren sollten. Die Kolonnaden als Bebauung und Fassung eines Straßendurchbruchs durch einen Block ermöglichten es, den unregelmäßigen (Rest-) Grundstücken eine städtebauliche Einheit zu verleihen.

In München ist das Arkadenmotiv der Maximilianstraße dagegen in programmatischem Zusammenhang zu sehen. Über einen internationalen Architektenwettbewerb sollte ein eigener bayerisch-nationaler Baustil gefunden werden, der wesentlich durch die Bogenform definiert wurde und über den besondere öffentliche

Bauten mittels Arkaden in einen stilistisch zusammenhängenden Straßenraum eingebunden werden konnten. Während der „neue Stil" zunächst auf die harsche Kritik der Zeitgenossen stieß, besticht die Maximilianstraße heute durch ihre formale Geschlossenheit und ihren einheitlichen Ensemblecharakter.

Allen genannten Beispielen gemein ist der Gebrauch der Arkade im Zeichen eines Neuentwurfs und der Suche nach Identität und ästhetischer Ordnung in einer zeitgenössischen wachsenden Stadt. In diesem Zusammenhang kommt der Arkade unter städtebaulichem Aspekt vor allem eine bindende und verbindende Funktion zu.

Grundsätzlich kann die Attraktivität eines Wohn- oder besser Lebensortes vereinfacht als Prozess betrachtet werden, der mehr „Innen" ins „Außen" bringt und umgekehrt.[9] Dichte und Urbanität entstehen dort, wo sich außen und innen in einem architektonisch definierten Raum durchdringen, Austausch und Begegnung sowie gesellschaftlicher Diskurs möglich sind und Funktionen gemischt werden können. Aus diesem Grund dürfen Arkaden nicht als monofunktionale Verbindungslinien zwischen zwei Punkten verstanden werden, sondern als Zwischenräume und Übergangszonen, die in vielfältiger Weise im städtischen Leben genutzt und gebraucht werden können.

ANMERKUNGEN

1 Richard Sennett, The Open City. Housing and Urban Neighbourhoods, Newspaper Essay, Berlin, November 2006.

2 Bernard Rudofsky, Architecture Without Architects: A Short Introduction to Non-Pedigreed Architecture, New York 1965.

3 Alban Janson / Florian Tigges, Grundbegriffe der Architektur. Das Vokabular räumlicher Situationen, Basel 2013, S. 313.

4 Friedrich Nietzsche, Sämtliche Briefe 1887–89. Kritische Studienausgabe in 8 Bänden, hg. von Giorgio Colli und Mazzino Montinari, München 1986, KSB 8, S. 294.

5 Friedrich Nietzsche, Sämtliche Werke. Kritische Studienausgabe in 15 Bänden, hg. von Giorgio Colli und Mazzino Montinari, München 1999, KSA 3, IV, Die fröhliche Wissenschaft, S. 524.

6 Lisa Fenzi, (Un)sichtbarkeit. Giorgio de Chrico, Filippo de Pisis, Giorgio Morandi: Zur Kunstauffassung. Bildbeschreibungen und Bildanalysen, Diss. Humboldt-Universität zu Berlin, 2015, S. 71f.

7 Eberhard Drüeke, Zur Ambivalenz eines Motivs zwischen Form und Funktion, in: Daidalos 24 / 1987 (Portici – Arkaden – Lauben / Porticoes – Arcades – Arbours), S. 113–122, hier: S. 118f.

8 Werner Hegemann / Elbert Peets, The American Vitruvius: An Architects' Handbook of Civic Art, New York 1922, S. 187.

9 Markus Tomaselli, Stadtumbau für das 21. Jahrhundert, in: Manfred Schrenk / Vasily Popovich / Peter Zeile, Real Corp 2011. Change for Stability – Lifecycles of Cities and Regions. The Role and Possibilities of Foresighted Planning in Transformation Processes, Tagungsband, Essen 2011, S. 919.

BILDNACHWEIS

Abb. 1   akg-images / Mondadori Portfolio / Walter Mori Bildnummer AKG 5980464

Abb. 2   Deutsches Institut für Stadtbaukunst

Abb. 3   Deutsches Institut für Stadtbaukunst

Abb. 4   WikiCommons_Geri340

Abb. 5   Deutsches Institut für Stadtbaukunst

Abb. 6   CreativeCommons_wilf

Abb. 7   akg-images / Album Bildnummer AKG 2014600 und VG Bild-Kunst, Bonn 2020

Abb. 8   WikiCommons_Pascal3012

Abb. 9   Ulrich Maximilian Schumann, Friedrich Weinbrenner, Klassizismus und „praktische Ästhetik", Berlin 2010

Abb. 10 Mirjam Schmidt

BEISPIELE VON ARKADENRÄUMEN ALS ANLEITUNG ZUM ENTWURF

Der Arkadenraum ist eines jener Bauelemente im Städtebau, in dem das Entwurfsbild eines Stadtraums als öffentlicher Lebensraum noch heute lebendig ist.

Als funktionales Element trennt er die öffentliche Straße vom Erdgeschoss des städtischen Hauses und entwickelt sich damit zu einem Filter zwischen Innen und Außen der gebauten Stadt. Als eigens angelegter Raum für den Fußgänger hebt sich die Arkade von den üblichen Gehwegbereichen dadurch ab, dass sie witterungsgeschützt ist und damit zum Verweilen einlädt.

Als architektonisches Element verleiht die Arkade jedem städtischen Gebäude seinen öffentlichen Charakter. Dies wird etwa am Königsplatz in München und am Marktplatz in Stralsund, aber auch an vielen anderen Beispielen, die in diesem Band aufgeführt sind, deutlich. Zugleich kann die Arkade die städtebauliche Einheitlichkeit einer Straße bewirken. Am Entstehungsprozess der Rue de Rivoli in Paris ist abzulesen, welche Bedeutung der Gestaltung der Arkade als städtebaulichem Element beigemessen und mit welch konsequenter Haltung deren Realisierung deshalb betrieben wurde. Als architektonisches Gestaltungselement der Straße verstanden, entstand der Sockel der Häuser mit ihrem Arkadenraum als Erstes, ohne dass man schon einen Käufer für das jeweilige Haus gehabt hätte. Auch wenn uns ein derartiges Vorgehen am Beginn des 21. Jahrhunderts vielleicht zu dirigistisch erscheint, die Festlegung einer von Arkaden gesäumten Straße ist über eine Gestaltungssatzung aber durchaus realisierbar. Zudem entspricht das Ausmaß heutiger Bauvorhaben durchaus der Größe der Rue de Rivoli. Die folgenden Abbildungen und der Vergleich der Schnittzeichnungen mögen dem Leser Leitfaden für den eigenen Entwurf sein.

Der Entwurf des Arkadenraums Bei der architektonischen Planung einer Arkade bedarf es zunächst der planerischen Vorstellung eines allseitig umschlossenen Raums, aus dem Öffnungen in der Wandfläche zur Straße so herausgeschnitten werden, dass der Charakter eines wohlproportionierten (Innen-)Raums erhalten bleibt. Die Ausbildung von Boden, Decke, Innenfassade und Pfeilerebene sowie die Ausbildung der beiden Stirnseiten müssen sehr genau aufeinander abgestimmt sein, wenn die Arkade als ein eigener Raum empfunden werden soll. Das schiere Öffnen der

Erdgeschossfassade löst den Raum der Arkade auf und zerstört damit seine Aufenthaltsqualität.

Die Arkadenpfeiler Die Dimension sowie der Abstand der Arkadenpfeiler voneinander sind von großer Bedeutung für den dahinterliegenden Raum. Stehen die Pfeiler zu dicht beieinander, entwickelt sich eine Trennung zur Straße, die den Raum geschlossen erscheinen und zum Nachteil, zum Beispiel für einen in der Arkade betriebenen Laden, werden lässt.

Stehen die Arkadenpfeiler dagegen zu weit auseinander und haben darüber hinaus eher den Charakter einer Stütze, erreicht man das Gegenteil. Es kann sich kein charaktervoller Arkadenraum, der mit seiner Eigengestalt zum Verweilen einlädt, bilden.

Der Abstand der Pfeiler voneinander und die Höhe des Pfeilerzwischenraums sind also ein wichtiges Regulativ, um dem Raum auf seiner Straßenseite eine gut proportionierte Fassung zu geben. Und natürlich steht dieses Öffnungsmaß auch in direkter Abhängigkeit zur Breite des Arkadenraums selbst. Eine nutzbare Arkade sollte wenigstens ein Maß von drei Meter lichter Breite haben.

Die Arkadendecke Für den Entwurf einer Arkade spielt auch die Ausbildung der Decke eine besondere Rolle. Sie muss eine gewisse Tiefe erhalten, um den Arkadenraum nach oben hin optisch abzuschließen. Zugleich sollte die Decke seitliche Einfassungen in Form von Stürzen aufweisen, um den Raum fassen zu können. Betrachten wir die Kreuzgratgewölbe in Lindau, Lübeck oder Görlitz, stellt sich der optische Deckenabschluss schon mit den damaligen Konstruktionsmöglichkeiten ein, ohne dass darauf im Einzelnen geachtet werden musste. Die Betonkonstruktion aber, das zeigen die Beispiele des 20. Jahrhunderts, verlangt nach einer bewussten Ausbildung von Sturz und Decke. Dies gilt auch für die Deckenfelder, die, im Konstruktionsrhythmus der Arkadenpfeiler in einzelne Deckenspiegel aufgeteilt, den Deckenraum zur optischen Einheit mit dem Arkadenraum verschmelzen lassen.

Der Arkadenboden Auch die Gestaltung des Bodens bedarf besonderer Aufmerksamkeit. Ein leichtes Anheben gegenüber dem Straßenniveau stärkt den Raumcharakter. Schon wenige Stufen fördern die Idee des „Hineintretens" in einen eigenen Raum und entwickeln mit diesem Anheben einen großzügigen Überblick über den Straßenraum. Gleichzeitig wird die Attraktivität des Arkadenbodens durch einen von der Straße getrennten eigenen Belag hervorgehoben.

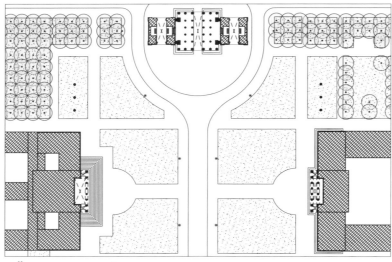

MÜNCHEN Königsplatz   118

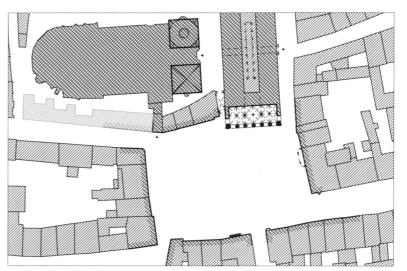

STRALSUND Alter Markt   126

LÜBECK Markt, 14. Jh.

GÖRLITZ Untermarkt, 16. Jh.

LINDAU Maximilianstraße, 14. Jh.

HAMBURG Colonnaden, 19. Jh.

HAMBURG Alsterarkaden, 19. Jh.

BERLIN Museumsinsel, 19. Jh.

ALSFELD Marktplatz, 16. Jh.

BERLIN Strausberger Platz, 20. Jh.

BERLIN Friedrichstraße, 20. Jh.

FRANKFURT AM MAIN Opernplatz, 21. Jh.

WUPPERTAL Johannes-Rau-Platz, 20. Jh.

BERLIN Walter-Benjamin-Platz, 20. Jh.

ARKADENRÄUME

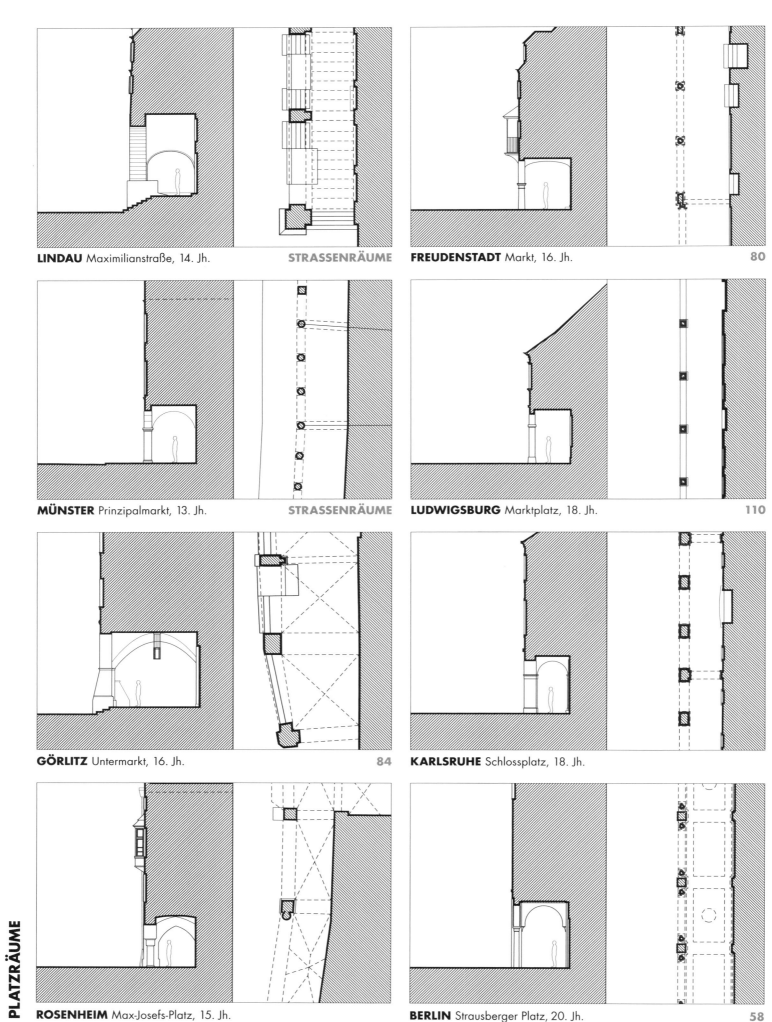

LINDAU Maximilianstraße, 14. Jh.   STRASSENRÄUME

FREUDENSTADT Markt, 16. Jh.   80

MÜNSTER Prinzipalmarkt, 13. Jh.   STRASSENRÄUME

LUDWIGSBURG Marktplatz, 18. Jh.   110

GÖRLITZ Untermarkt, 16. Jh.   84

KARLSRUHE Schlossplatz, 18. Jh.

ROSENHEIM Max-Josefs-Platz, 15. Jh.

BERLIN Strausberger Platz, 20. Jh.   58

PLATZRÄUME

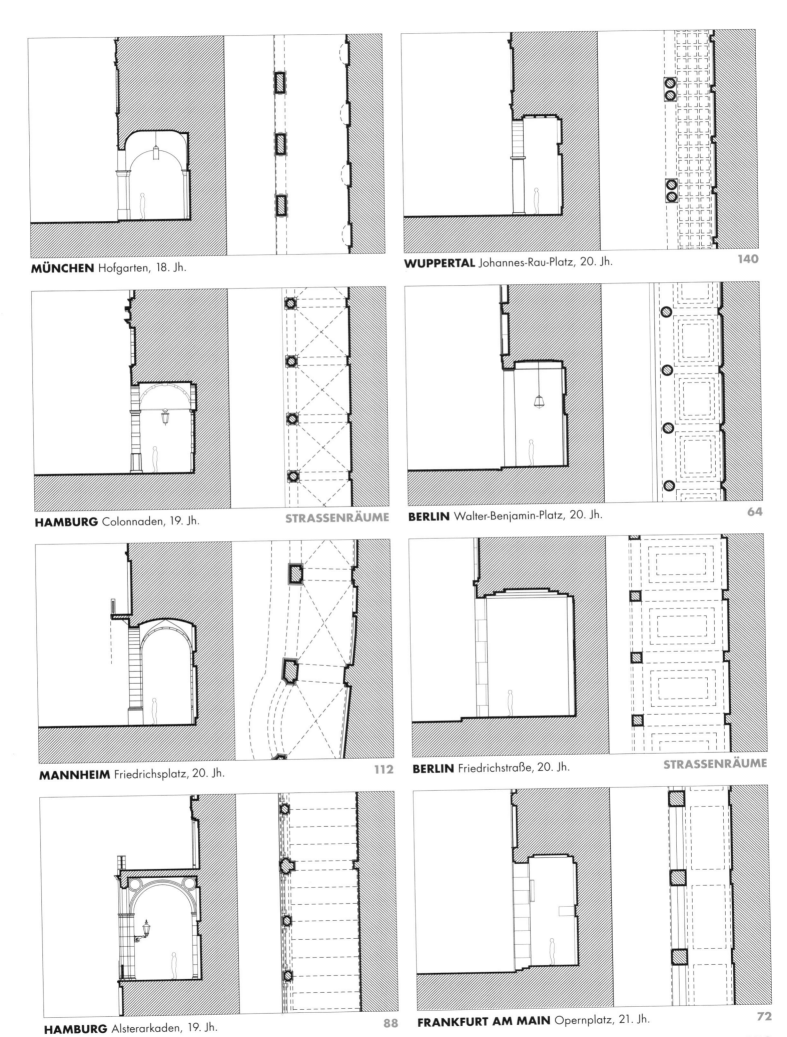

MÜNCHEN Hofgarten, 18. Jh.

WUPPERTAL Johannes-Rau-Platz, 20. Jh.   140

HAMBURG Colonnaden, 19. Jh.   STRASSENRÄUME

BERLIN Walter-Benjamin-Platz, 20. Jh.   64

MANNHEIM Friedrichsplatz, 20. Jh.   112

BERLIN Friedrichstraße, 20. Jh.   STRASSENRÄUME

HAMBURG Alsterarkaden, 19. Jh.   88

FRANKFURT AM MAIN Opernplatz, 21. Jh.   72

FREIBURG DIETENBACH
WETTBEWERBSBEITRAG

Dass Platzräume, wie sie in diesem Band aufgeführt sind, auch Neubauquartieren ihre eigene Identität zu geben vermögen, mag der Wettbewerbsbeitrag für das Stadtquartier Dietenbach in Freiburg zeigen. Die Einbettung des Quartiers in den landschaftlichen Raum sowie der Entwurf von gut gestalteten und sinnlich erlebbaren Platz- und Straßenräumen stellen die beiden grundlegenden Kriterien für den Entwurf aus dem Jahre 2017 dar. **Struktur und Gestalt des neuen Stadtteils sind bei der vom Auslober vorgegebenen Dichte geprägt vom urbanen Charakter und der hohen Qualität seiner öffentlichen Räume.**

Das einzelne Haus wird dabei als Teil einer gesamtstädtischen Einheit verstanden, mit dem die öffentlichen Räume städtebaulich geformt werden. Funktionales Rückgrat des Quartiers ist ein großstädtischer Boulevard, dessen jeweiliger Beginn durch Torhäuser (siehe Strausberger Platz Seite 58) stadträumlich gefasst wird. Er wird nicht nur von Wohnhöfen, sondern auch von Gewerbehöfen begleitet, die im Blockinneren Raum für kleinteilige Produktionsflächen bieten. **Alle öffentlichen Bereiche einschließlich der beiden Landschaftsparks werden durch die Bebauung stadträumlich gefasst. Der Entwurf enthält dabei auch unterschiedlichste Platzräume, die mit öffentlichen Funktionen mitunter in öffentlichen Gebäuden (Schulen, Kindergärten etc.) versehen sind.**

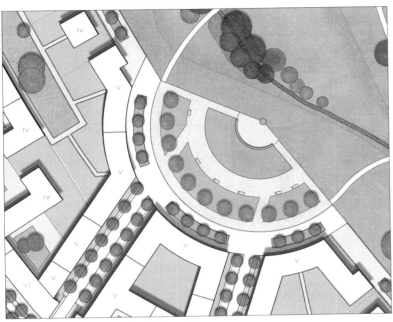

1 PLATZRAUM zur Landschaft geöffnet

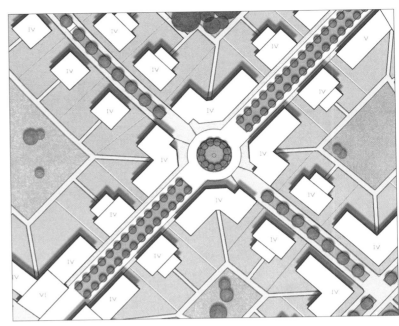

2 PLATZRAUM im Straßenkreuz

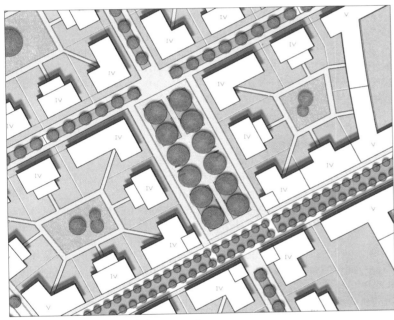

3 PLATZRAUM mit Spielplatz unter Bäumen

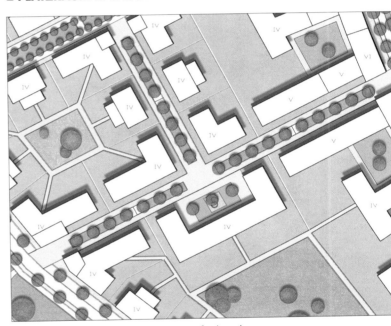

4 PLATZRAUM mit öffentlichem Kopfgebäude

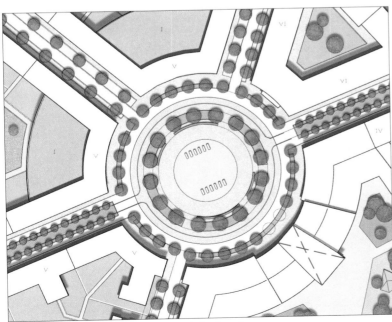

5 PLATZRAUM mit öffentlichem Schulgebäude

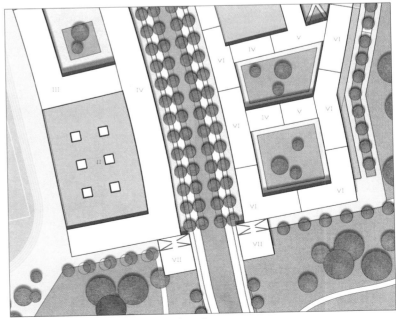

6 BOULEVARDRAUM mit Torgebäuden

155

AUTOREN

Vittorio Magnago Lampugnani studierte Architektur in Rom und Stuttgart, wo er 1977 promovierte. Nach einer Assistententätigkeit am dortigen Institut für Grundlagen der modernen Architektur und Entwerfen war er zwischen 1980 und 1984 Wissenschaftlicher Berater der Internationalen Bauausstellung (IBA) Berlin. 1990 übernahm er die Herausgeberschaft der Zeitschrift Domus sowie die Leitung des Deutschen Architekturmuseums in Frankfurt am Main, das er bis 1995 führte. Er hatte unter anderem eine Professur an der Graduate School of Design der Harvard University inne. Von 1994 bis 2016 war er Professor für Geschichte des Städtebaus an der ETH Zürich. Er führt eigene Architekturbüros in Mailand sowie Zürich und ist Fellow am Wissenschaftskolleg zu Berlin.

Christoph Mäckler studierte Architektur in Darmstadt und in Aachen und führt seit 1981 ein eigenes Büro für Architektur und Städtebau in Frankfurt am Main. Nach Gastprofessuren in Kassel, Neapel, Braunschweig und Hannover hatte er von 1998 bis 2018 den Lehrstuhl Städtebau an der TU Dortmund inne. Er ist Direktor des Deutschen Instituts für Stadtbaukunst, das er gemeinsam mit Wolfgang Sonne 2008 gründete. Er war Vorsitzender des Gestaltungsbeirats Dom-Römer in Frankfurt am Main und ist Mitglied der Gestaltungsbeiräte in Münster und Soest sowie des Kuratoriums der Bundesstiftung Baukultur.

Werner Oechslin studierte Kunstgeschichte, Archäologie, Philosophie und Mathematik in Zürich und Rom. Er lehrte in Boston, Berlin, Bonn und Genf und war von 1985 bis 2010 Professor an der ETH Zürich. Von 1986 bis 2007 war er Direktor des Instituts für Geschichte und Theorie der Architektur. 1998 gründete er die Bibliothek Werner Oechslin in Einsiedeln in der Schweiz, eine Forschungsbibliothek, in der bibliothekarisches Wissen und eine tiefer führende Erforschung der Quellenschriften in engster Verbindung stehen. Die Stiftung Bibliothek Werner Oechslin steht in Kooperation mit der ETH Zürich und ist Mitglied der Schweizerischen Akademie der Geistes- und Sozialwissenschaften / SAGW und der Schweizerischen Akademie der Technischen Wissenschaften.

Alexander Pellnitz studierte Architektur in Berlin und Mailand und promovierte 2011 an der TU Berlin. Von 2000 bis 2003 war er Mitarbeiter und Assistent von Giorgio Grassi im Studio und am Politecnico di Milano und von 2008 bis 2014 Wissenschaftlicher Leiter des Deutschen Instituts für Stadtbaukunst an der TU Dortmund. Seit 2015 ist er Professor für Städtebau und Stadttheorie an der THM Technischen Hochschule Mittelhessen in Gießen und leitet das von ihm 2020 gegründete Institut für Architektur und Städtebau an der THM. Seit 2004 führt er ein eigenes Büro für Architektur und Städtebau in Berlin.

Anne Pfeil absolvierte zunächst ein Biologiestudium an der Rheinischen Friedrich-Wilhelms-Universität in Bonn. Anschließend studierte sie Architektur an der TU Berlin. Nach verschiedenen Tätigkeiten in Planungs- und Architekturbüros war sie Wissenschaftliche Mitarbeiterin an der Universität Hannover und an der TU Dresden und promovierte 2012 im Rahmen der Dresden Leibniz Graduate School (DLGS) an der TU Dresden. Seit 2012 ist sie Stellvertretende Stadtarchitektin in der Stadt Zug (Schweiz).

Jan Pieper studierte Architektur und Architekturgeschichte in Berlin, Aachen und London. Er arbeitete im Büro von Gottfried Böhm in Köln und war nach seiner Promotion von 1974 bis 1976 dessen Wissenschaftlicher Assistent am Lehrstuhl für Stadtbereichsplanung und Werklehre an der RWTH Aachen. Am Institut für Kunstgeschichte der RWTH Aachen wurde er 1978 habilitiert. Nach Professuren für Baugeschichte an der FH Köln und für Architektur- und Stadtgeschichte an der TU Berlin hatte er von 1993 bis 2013 den Lehrstuhl für Baugeschichte und Denkmalpflege an der RWTH Aachen inne.

Birgit Roth studierte Innenarchitektur in Rosenheim und Baukunst in Düsseldorf. Von 1989 bis 2011 plante und leitete sie als angestellte Architektin zahlreiche Kultur-, Verwaltungs- und Wohnungsbauprojekte. Sie war von 2008 bis 2018 Wissenschaftliche Mitarbeiterin am Lehrstuhl Städtebau an der TU Dortmund und erforscht seit 2011 die morphologische und typologische Struktur der Stadt am Deutschen Institut für Stadtbaukunst. 2016 übernahm sie dessen Wissenschaftliche Leitung. Sie hat die Ausstellung „Plätze in Deutschland 1950 und heute" kuratiert und war Mitglied des Städtebaubeirats in Frankfurt am Main.

Mirjam Schmidt studierte Kunstgeschichte in München und Frankfurt am Main. Nach ihrer Tätigkeit im Bereich zeitgenössischer Kunst wechselte sie 2010 zu Meixner Schlüter Wendt Architekten in Frankfurt am Main. Von 2013 bis 2018 war sie Assistentin von Christoph Mäckler. 2018 übernahm sie die Position einer Dezernatsreferentin bei der Stadt Frankfurt am Main und wurde Ende 2018 für Bündnis 90 / Die Grünen als Abgeordnete in den Hessischen Landtag gewählt.

Wolfgang Sonne studierte Kunstgeschichte und Klassische Archäologie in München, Paris und Berlin. Von 1994 bis 2003 war er Assistent, Oberassistent und Dozent an der Professur für Geschichte des Städtebaus sowie am Institut für Geschichte und Theorie der Architektur an der ETH Zürich, wo er 2001 promovierte. Nach Lehrtätigkeiten an der Harvard University in Cambridge, Massachusetts, sowie in Wien und Glasgow ist er seit 2007 Professor für Geschichte und Theorie der Architektur an der TU Dortmund. Er ist Stellvertretender Direktor des Deutschen Instituts für Stadtbaukunst, das er gemeinsam mit Christoph Mäckler 2008 gründete, und Wissenschaftlicher Leiter des Baukunstarchivs NRW.

Jürg Sulzer studierte Architektur und Städtebau in Berlin. Er promovierte 1977 an der TU Berlin und war bis 1982 als Stadtplaner beim Berliner Bausenator tätig. Von 1983 bis 2004 war er Stadtplaner der Stadt Bern. An der TU Dresden hatte er von 2004 bis 2015 den Lehrstuhl für Stadtumbau und Stadtentwicklung inne und leitete das Görlitz Kompetenzzentrum Revitalisierender Städtebau sowie von 2009 bis 2016 das Forschungsprojekt des Schweizerischen Nationalfonds NFP 65 Neue Urbane Qualität. Er ist Mitglied der Kommission für Stadtgestaltung in München und Vorsitzender der Gestaltungskommission in Dresden.

Thomas Will studierte Architektur in München, Zürich und an der Cornell University / Ithaka / NY. Er arbeitete als Architekt im Büro O. M. Ungers in Köln und war ab 1979 Assistent an der TU München, wo er 1985 die kommissarische Leitung des Aufbaustudiengangs Denkmalpflege übernahm. Ab 1994 hatte er den Lehrstuhl für Denkmalpflege und Entwerfen an der TU Dresden inne und ist dort seit 2018 Seniorprofessor. Seit 1979 ist er auch als freischaffender Architekt tätig, von 1987 bis 1996 führte er das Architekturbüro Valena & Will in München.

BILDNACHWEIS

**BAND 1
STADTRÄUME**

Bayerische Vermessungsverwaltung –
www.geodaten.bayern.de,
Creative Commons Namensnennung
3.0 Deutschland Lizenz (CC BY 3.0 DE)
38, 44, 50, 54, 116, 118

Berlin Open Data, Bildflug Berlin,
März 2011
© GeoBasis-DE/SenStadtUm III (2011)
82, 84

Bundesamt für Kartographie und Geodäsie
86, 96, 100, 106

Bundeshauptstadt Berlin,
Senatsverwaltung für Stadtentwicklung
und Umwelt
80

GeoBasis-DE/LGB, dl-de/by-2-0
122

Geobasisinformation und
Vermessung Sachsen
90

Geobasisinformation und Vermessung
Sachsen, über Stadt Leipzig,
Amt für Geoinformation und
Bodenordnung 2011
110

Hansestadt Lübeck, Stadtplanung
46

Landesamt für Geoinformation und
Landentwicklung Baden-Württemberg
42

Landesamt für Geoinformation und
Landesvermessung Niedersachsen
über Stadt Oldenburg, Fachdienst
Stadtinformation und Geodaten
120

Landesamt für innere Verwaltung
Mecklenburg-Vorpommern,
Amt für Geoinformation,
Vermessungs- und Katasterwesen
40

Landesamt GeoInformation Bremen
88

Landeshauptstadt Düsseldorf,
Vermessungs- und Liegenschaftsamt –
Lizenz Nr.: 62/62-221/2014
92

Landeshauptstadt Hannover,
Geoinformation
104

Landeshauptstadt Mainz, Bauamt,
Sachgebiet GIS und Kartographie
114

Landeshauptstadt Stuttgart,
Amt für Stadtplanung
und Stadterneuerung
124

Landeshauptstadt Wiesbaden,
Tiefbau- und Vermessungsamt
114

Stadt Essen, Amt für Geoinformation,
Vermessung und Kataster
94

Stadt Frankfurt am Main,
Stadtvermessungsamt
98

Stadt Köln, Stadtplanungsamt
108

Stadt Ludwigshafen, Darstellung auf
Grundlage der Stadtgrundkarte –
Basiskarte: Liegenschaftskarte der
Vermessungs- und Katasterverwaltung,
Landesamt für Vermessung und
Geobasisinformation
112

Stadt Münster,
Vermessungs- und Katasteramt,
Luftbild 2008
48

Stadt Regensburg, Stadtplanungsamt
52

Stadt Weimar, Stadtentwicklungsamt,
Abteilung Geoinformation und Statistik
126

Transparenzportal Hamburg
102

NACHWEIS DER ZEICHNUNGSQUELLEN

**BAND 1
STADTRÄUME**

Berlin Open Data
22, 23, 27, 28, 31, 28, 81, 83, 85

Geobasisinformation und Vermessung
Sachsen, über Stadt Leipzig, Amt für
Geoinformation und Bodenordnung 2011
27, 77, 111

GeoPortal Mecklenburg-Vorpommern
78

Hansestadt Lübeck, Stadtplanung
24, 47, 76

Hansestadt Stralsund, Bauamt,
Abteilung Planung und Denkmalpflege
78

Heinz Stoob, Deutscher Städteatlas Lieferung IV, Nr. 1, Tafel 1, Dortmund 1989
77

Hessische Verwaltung für Bodenmanagement und Geoinformation,
Geoportal Hessen
22, 23, 27, 29, 31, 97, 107

Landesamt für Geoinformation und
Landesvermessung Niedersachsen
über Stadt Oldenburg, Fachdienst
Stadtinformation und Geodaten
25, 121

Landesamt für innere Verwaltung
Mecklenburg-Vorpommern,
Amt für Geoinformation,
Vermessungs- und Katasterwesen
41, 78

Landesamt für Vermessung und
Geoinformation Bayern
24, 30, 39, 45, 51, 55, 76, 77, 78,
79, 117, 119

Landesamt für Vermessung und
Geobasisinformation Rheinland-Pfalz
über Stadt Ludwigshafen
31, 113

Landesamt GeoInformation Bremen
26, 89

Landeshauptstadt Düsseldorf,
Vermessungs- und Liegenschaftsamt –
Lizenz Nr.: 62/62-221/2014
29, 93

Landeshauptstadt Hannover,
Geoinformation
23, 105

Landeshauptstadt Mainz, Bauamt,
Sachgebiet GIS und Kartographie
30, 115

Landeshauptstadt Stuttgart, Amt für
Stadtplanung und Stadterneuerung
30, 125

Stadt Aachen, Fachbereich
Geoinformation und Bodenordnung
77

Stadt Bielefeld, Amt für
Geoinformation und Kataster
22

Stadt Braunschweig, Fachbereich
Stadtplanung und Umweltschutz,
Abteilung Geoinformation
25, 29, 87

Stadt Dresden, Stadtplanungsamt
25, 91

Stadt Eisenhüttenstadt,
FB6 Bauen und Liegenschaftsverwaltung
22

Stadt Essen, Amt für Geoinformation,
Vermessung und Kataster
26, 95

Stadt Frankfurt am Main,
Stadtvermessungsamt, Stand 07/2012
26, 99

Stadt Freiburg im Breisgau,
Vermessungsamt
77

Stadt Halle (Saale), Fachbereich Planen,
Abteilung Stadtvermessung
29, 101

Stadt Heidelberg,
Vermessungsamt
43, 79

Stadt Karlsruhe,
Liegenschaftsamt
79

Stadt Köln,
Stadtplanungsamt
31, 79, 109

Stadt Leipzig
77

BAND 2
HOFRÄUME

BAND 4
STRASSENRÄUME

Grundlage der vorliegenden Arbeit ist das Forschungsprojekt „Handbuch der Stadtbaukunst", das im Rahmen der Nationalen Stadtentwicklungspolitik aus dem Bundeshaushalt gefördert wurde.

NATIONALE
STADT
ENTWICKLUNGS
POLITIK

Die Zeichnungen entstanden auf Grundlage von zur Verfügung gestellten Dateien der Städte:

AACHEN ALSFELD ANSBACH AUGSBURG BAD AROLSEN BAD TÖLZ BAMBERG BERLIN BIELEFELD BOCHUM BRAUNSCHWEIG BREMEN CELLE CHEMNITZ DINKELSBÜHL DORTMUND DRESDEN DÜSSELDORF EISENHÜTTENSTADT ESSEN FRANKFURT AM MAIN FREIBURG FREUDENSTADT GÖRLITZ GREIFSWALD HALLE HAMBURG HANNOVER HEIDELBERG KARLSRUHE KASSEL KEMPTEN KIEL KÖLN LANDSHUT LEIPZIG LINDAU LÜBECK LUDWIGSBURG LUDWIGSHAFEN LÜNEBURG MAINZ MANNHEIM MÜNCHEN MÜNSTER NÖRDLINGEN NÜRNBERG OLDENBURG PASSAU POTSDAM PUTBUS REGENSBURG ROSENHEIM SCHWÄBISCH GMÜND SPEYER STRALSUND STUTTGART TRIER TÜBINGEN WANGEN IM ALLGÄU WARENDORF WEIMAR WIESBADEN WISMAR WUPPERTAL

MIT BEITRÄGEN VON
VITTORIO MAGNAGO LAMPUGNANI
WERNER OECHSLIN
JAN PIEPER
WOLFGANG SONNE
SOWIE
ALEXANDER PELLNITZ
BIRGIT ROTH
MIRJAM SCHMIDT
JÜRG SULZER UND **ANNE PFEIL**
THOMAS WILL

HERAUSGEBER CHRISTOPH MÄCKLER
DEUTSCHES INSTITUT FÜR STADTBAUKUNST

REDAKTION JYTTE ZWILLING
ZEICHNUNGEN MARIANNE KAISER UND JYTTE ZWILLING
LEKTORAT GINA VON DEN DRIESCH
KORREKTORAT UTA KEIL
SCHRÄGLUFTFOTOS NÜRNBERGLUFTBILD, HAJO DIETZ
GRAFIK-DESIGN ANTONIA HENSCHEL, SIGN KOMMUNIKATION
DRUCK GRASPO CZ, A.S.

© 2023 BY JOVIS VERLAG GMBH
LÜTZOWSTRASSE 33, 10785 BERLIN, WWW.JOVIS.DE
EIN UNTERNEHMEN DER WALTER DE GRUYTER GMBH
ISBN 978-3-98612-057-3 (BAND 3)
ISBN 978-3-98612-054-2 (BAND 1–4 IM SET)

DEUTSCHES
INSTITUT FÜR
STADT
BAU
KUNST

technische universität
dortmund

jovis